メンクレシピ80

山で麺!

Noodles in the Mountains

はじめに

山ごはんは麺で

　山を登り下りし、ようやくテント場に到着。心地よい疲労感とともにお腹はペコペコ。そんなときにはさっと作れて、ソースやスープと一緒につるっと食べられる麺はいかが？　麺はスピードが求められる登山での調理にぴったり。疲れた体でも食べやすく、一杯で完結できるのも魅力です。ただし、山向きの麺を見極めたり、ゆで汁を捨てずに調理したりなど、山ならではのコツが必要です。

　本書は、山ごはんのアイデアをもつ登山者からレシピやアイデアを集め、ゆで時間の短いインスタント麺、冷凍麺、早ゆでパスタなどを使って、コッヘルやフライパンひとつで手軽に作れる麺80食をご提案。寒い日はスープがじんわり体に染み渡るぽかぽか麺、暑い日はするりと食べられるさっぱり麺をどうぞ。これから登山を始めようと思っている方や、山ごはんのバリエーションを増やしたいと思っている方の参考になれば幸いです。

　　　　　山ごはん研究会

本書の使い方

● 計量の目安

小さじ1＝5㎖（cc）
大さじ1＝15㎖（cc）

レシピの分量は目安。
山では計量できないこともあるので、
そのあたりは臨機応変に！

● 調理時間の表記

山での調理時間の目安。ただし、標高や気温など
環境によって大きく変わるので、あくまでも参考までに。

● アイコンの表記

各レシピに、どんな山行・食事形態におすすめか、また、どんな調
理道具（コッヘルかフライパンか）が向いているかをアイコンで表記
している。その山行でないといけないということではないので、食事
計画の参考程度にとどめてほしい。

季節	朝食・夕食	泊数 （日持ちする食材か）	調理道具
 通年 季節問わず一年中おすすめ	☀ 朝食 体にやさしく、手早く作れるので朝食向き	1〜2 1〜2日目 日帰り登山や1〜2日目に食べてほしいもの	 コッヘル向き 鍋やカップなど、ある程度深さのあるものが向く
🌙 夏 春〜初秋の夏山、無雪期山行におすすめ	🌙 夕食 ボリュームがある。落ち着いて食べられる夕食向き	3〜 3日目以降 日持ちする食材が多いので3日目以降でもよい	▬ フライパン向き 炒め物などに向くフライパンのような浅型がよい
 秋、冬 秋〜冬の登山（雪山も含む）におすすめ	なお昼食については、どのレシピもおすすめなので表記していない。また、昼食は山では行動食で済ませる場合もある。		 両方OK どちらでもよい

5

Contents

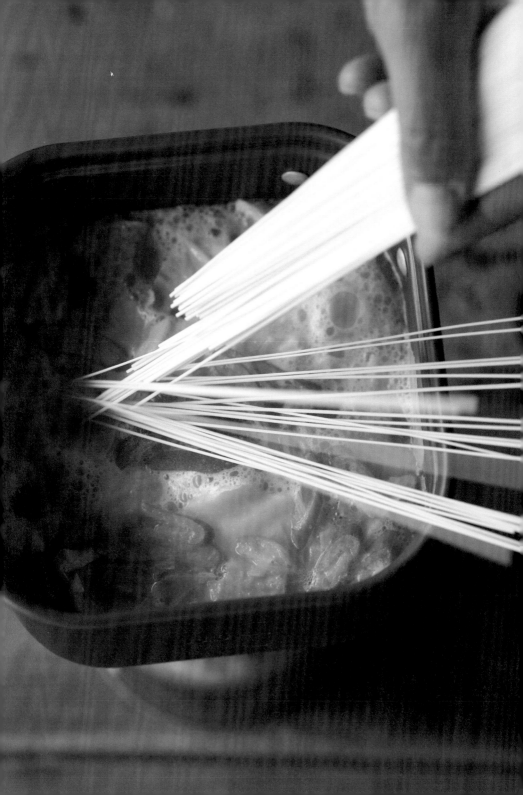

Noodles *in the* Mountains

Step

1

山で使える麺

山ごはん向きの麺を見極めるポイントは、①ゆで時間が短いもの、不要なもの ②ゆで汁を捨てずに作れるもの（そのままスープにできるもの、塩分が出ないものなど）。探してみるとインスタント麺以外にも結構あるある。定番のラーメンやパスタはもちろん、うどんやそうめん、フォーなど、レシピで登場する麺を一挙ご紹介。

棒ラーメン

インスタント袋麺

蒸し中華麺

ラーメン
中華麺

山の麺料理の一番人気ともいえるラーメン・中華麺。インスタントなどの乾麺は粉末スープが付いていたり麺自体に味がついているため、調理の手軽さと満足度が高い。蒸し麺は火にかける時間が短く、汁もの、炒めものとアレンジの幅広さが魅力。

蒸しちゃんぽん麺

クスクス

ペンネ

パスタ

スパゲティ、フェットチーネなどのロングパスタ。ペンネ、マカロニ、クスクスといったショートパスタ。ニョッキも含めてパスタはとにかく種類が多彩だ。ショートパスタは火が通るまでの時間が短くのびにくいという、山にピッタリの特徴が。ロングパスタは、麺に特殊な切り込みを入れ、ゆで時間が短くなるよう開発されたものがおすすめ。

その他の
ショートパスタ

ニョッキ

スパゲティ

うどん
（ゆで麺）

うどん
ほうとう
そうめん

同じ小麦粉由来の麺だが、うどん、冷や麦、そうめん、きしめんと、太さや形状はさまざま。また、山梨県固有の「ほうとう」などもある。いずれも、乾麺は長期でも傷むことを気にせず携行しやすいが、ゆでるために生じた水を捨てにくいという問題がある。山行が短い場合は、冷凍うどんや、水で洗ってほぐすだけの麺が手軽。

うどん
（乾麺）

そうめん

ほうとう

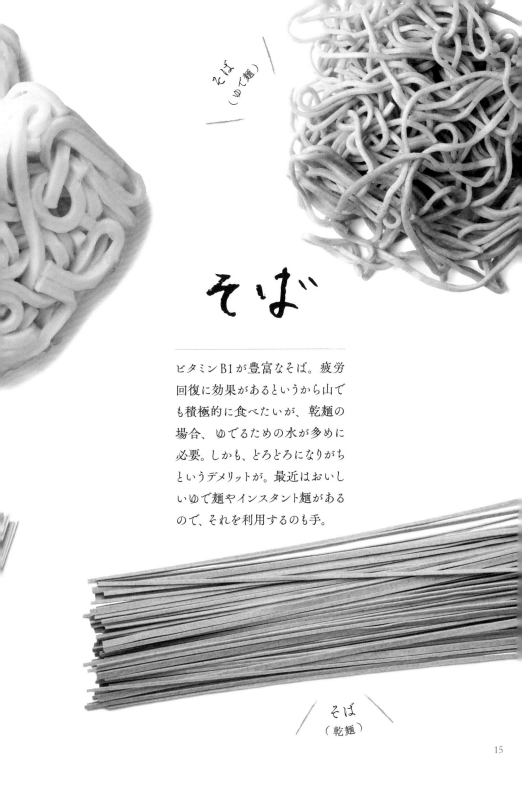

そば
（ゆで麺）

そば

ビタミンB1が豊富なそば。疲労
回復に効果があるというから山で
も積極的に食べたいが、乾麺の
場合、ゆでるための水が多めに
必要。しかも、とろとろになりがち
というデメリットが。最近はおいし
いゆで麺やインスタント麺がある
ので、それを利用するのも手。

そば
（乾麺）

ビーフン
フォー
春雨

春雨

ビーフン

フォー

米粉を原料とするビーフン、フォー。緑豆を原料とする春雨。さっぱり、つるつるした食感と、時間がたってもおいしく食べられるのが魅力だ。戻し方のポイントは、ふつふつと弱めの火加減でゆでること。少量の油を湯に混ぜると、麺同士がくっつきにくくなる。

エビ麺

かた焼きそば
エビ麺

ラーメンにエビの卵などを練り込んだエビ麺。細麺なのでスープと一緒に2、3分、火にかけるだけで食べごろに。パリパリした食感が食欲をそそるかた焼きそばは、あんやスープをかけて、そのままでも食べられる。いずれも日持ちがするので縦走最終日の楽しみに。

かた焼きそば

Step 2

道具と調理のコツ

登山用の調理道具はフライパン、コッヘル（鍋）、カップなど、さまざま。麺をゆでるだけなら深めのコッヘルで事足りるが、炒めたり、汁気を飛ばすような調理もするならフライパンや浅型のコッヘルに軍配が上がる。調理道具の特徴と、山で麺料理を作る際の基本的なテクニック知り、自分に合った道具を選ぼう。

麺と調理道具の相性

フライパン
×
あえ麺、炒め麺、汁麺

ゆでる、煮る、焼く、蒸す、揚げると万能な調理道具フライパン。噴きこぼれることなく麺がゆでやすく、さまざまな麺料理に活躍する。

2〜3人用丸型コッヘル
×
あえ麺、炒め麺、汁麺

ふたがフライパンや器の代わりにもなり、ゆでる、炒めるといった調理がしやすい、2〜3人用のコッヘルも万能。メイン・つまみ→シメ（P108）といった使い方にも向く。

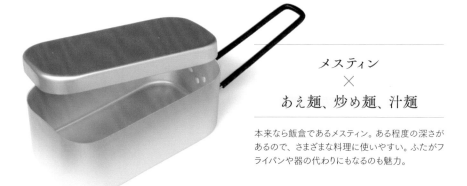

メスティン
×
あえ麺、炒め麺、汁麺

本来なら飯盒であるメスティン。ある程度の深さがあるので、さまざまな料理に使いやすい。ふたがフライパンや器の代わりにもなるのも魅力。

麺料理はたいていの道具で料理できる。
が、直径の小さいものは噴きこぼれるので
注意。相性を実証してみた。

深めのコッヘル
×
汁麺

軽量でコンパクトな1人用サイズのコッヘル。直径が小さく深さがあるので、スープでゆでるだけ、といったシンプルな汁麺に向く。コッヘルに入るように、麺を折る必要がある。

シエラカップ
×
汁麺、あえ麺

容量が小さいので、ゆでる、炒めるなどは難しいシエラカップ。1人分のレトルトソースを温めて、麺を小さく折ってゆでるなどのあえ麺、汁麺なら、なんとかいけるくらいのサイズ。

カップ
×
汁麺、あえ麺

こちらもシエラカップ同様、サイズが小さいため、取り皿の延長。レトルトソースに麺を加えるなど、シンプルな調理法に向く。

麺には滑りにくい 箸、カトラリーを

料理するにしても食べるにしても、つるつるとつかみにくい麺。先に何本か溝が切ってある箸やカトラリーなら滑りにくい（割り箸でも）。100円ショップの箸コーナーに豊富にある。

レードルはコンパクトな 折りたためるものを

スープを取り分けたり、味噌などの調味料を溶いたりするのに便利なレードル。持ち手が折りたためるものなら、鍋の中に入れられて、かさばらない。アウトドアショップか100円ショップで。

麺料理のテクニック

麺の選び方

パスタは
早ゆでを

麺に独自の切り込みを入れることで実現した早ゆでタイプが便利。

そばは
流水麺を

少量の水でほぐすだけで食べられるシマダヤの「流水麺」。うどん、中華麺もあり。

そうめんは
無塩
タイプを

ゆでると塩分が溶け出し、しょっぱくなりがちなので、無塩を。

うどんは
きねうちを

常温保存可、ゆでてから時間がたってもおいしいサンサスの「きねうち麺」が人気。

麺のゆで方

パスタは水につけておく

早ゆでではないパスタは、水に浸しておくと、ゆで時間が短く、生麺のようなモチモチ食感に。

鍋のサイズに合った長さにする

"小鍋で作る"ことに着目した短いスパゲティもある。長いタイプなら、半分に折って鍋に収めよう。

山中では、ゴミを捨てない＆塩分の多い水を
捨てないのがルール。麺料理ならではの、
水分問題をクリアするコツを紹介する。

スープを残さないためには

少ない水で麺を戻す

塩分を含んだ水を山に捨てるのはNG！
最低限の水で調理し、飲み干そう。

スープで麺をゆでる

麺を別鍋でゆでるのは水と燃料のムダ。
スープでゆでてしまおう（塩分に注意）。

味は薄くする

水を規定の量より少なくした場合、味が
濃くならないよう、調味料も減らそう。

残った水分を活用する

インスタントスープにする

麺をゆでたあとの水分は残しておいて、
インスタントスープに再利用。

パンで拭って食べ切る

鍋肌に残ったスープは、パンでぬぐって
食べきろう。

Noodles *in the* Mountains

山で麺レシピ集

ボリューム満点でしっかり栄養補給できる夕食向きのものから、さっと作って後片付けもラクチンな朝食向きのもの、さらにはデザートまで登場。生の肉や野菜を持ち込み豪華に楽しむ1〜2日目向きのもの、日持ちのする缶詰や乾物などを取り入れた2〜3日以降向きのものなど、数日の登山でも使えるレシピ集。

疲れた体に染み渡る一杯……。インスタント麺の
種類も豊富で、手軽に作れるラーメン・中華麺は
山でも定番の料理。肉味噌や豆乳、野菜ジュース
を加えるなどしてアレンジし、食欲アップを。

豆乳味噌ラーメン

● 材料（1人分）

味噌ラーメン（インスタント）…… 1人分

豆乳パック …… 1本（200ml）

ハム …… 2 〜 3枚

温泉卵 …… 1個

ねぎ …… 適量

水 …… 250ml

ALL	🌙	1〜2	▮
通年	夕食	1〜2日目	コッヘル向き

作り方（調理時間8分）

1 鍋に水と豆乳を入れて沸かし、
味噌ラーメンを作る。

2 ハム、温泉卵、ねぎをのせる。

アドバイス　こっくり濃厚なスープになるので、お腹も満足。豆乳は常温で持ち
運べる小さなパックを使用。豆乳、卵、ハムはタンパク質が豊富な
ので疲労回復に役立つ。キャベツなどの野菜を加えてもよい。

ほっとするクリーミーな一杯

→ごま香るピリ辛味をトマトでさっぱり

←まろやかなとんこつスープに肉味噌がマッチ

ピリ辛肉味噌のせトマトラーメン

通年　　夕食　　1〜2日目　コッヘル
　　　　　　　　　　　　　　向き

● 材料（1人分）

肉味噌

　豚ひき肉 …… 80g

　しいたけ …… 2〜3枚

　味噌 …… 大さじ1/2

　練りごま …… 大さじ1

　ラー油 …… 大さじ1

　こしょう …… 少々

　酒 …… 少々

しょうゆラーメン（インスタント）…… 1人分

ミニトマト …… 4個

水 …… ラーメンの袋どおりの分量

作り方（調理時間8分）

1 ［家で］肉味噌を作る。フライパンで
豚ひき肉としいたけ（みじん切り）を
よく炒める。味噌、練りごま、こしょう、
酒を加えて水気がなくなるまで炒め、
ラー油を絡める。
冷めたらラップに包み、冷凍する。

2 ［山で］鍋に湯を沸かし、
しょうゆラーメンを作る。鍋ふたの上に
ラップに包んだ肉味噌を置き、温めておく。

3 2の鍋にトマトを加え、
肉味噌を麺の上にのせる。

アドバイス　肉味噌はひとつ作っておけば調味料代わりにもなり、何かと便利。
しょうゆやとんこつだけでなく、鶏がらスープ（中華だし）の塩ラーメ
ンにのせたり、中華麺とあえて汁なし麺として食べてもよし。

ピリ辛肉味噌のせとんこつラーメン

通年　　夕食　　1〜2日目　コッヘル
　　　　　　　　　　　　　　向き

● 材料（1人分）

とんこつラーメン（インスタント）

…… 1人分

肉味噌（上のレシピと同様のもの）

…… 1人分

チンゲンサイ …… 1束

水 …… ラーメンの袋どおりの分量

作り方（調理時間8分）

1 ［家で］上のレシピと同様に肉味噌を作り、
ラップに包んで冷凍する。

2 ［山で］鍋に湯を沸かし、
とんこつラーメンを作る。鍋ふたの上に
ラップに包んだ肉味噌を置き、温めておく。

3 2にチンゲンサイを加えて火が通ったら、
肉味噌を麺の上にのせる。

→ストック豚ひき肉炒めで2種の麺に

←黒酢でさっぱり、食欲増進

30

豚ニラとんこつラーメン

秋、冬　夕食　1〜2食　コッヘル
　　　　　　　1〜2日目　向き

● 材料（1人分）
豚ひき肉炒め

　豚ひき肉 …… 150g
　しょうが、にんにく（みじん切り）
　…… 各1/2片
　ザーサイ（みじん切り）…… 適量
　酒 …… 大さじ1
マルタイの「棒ラーメン」（とんこつ）
……1人分
ニラ（みじん切りにして密封）…… 1束
白すりごま …… 大さじ1
水 …… ラーメンの袋どおりの分量

作り方（調理時間10分）

1 ［家で］豚ひき肉炒めを作る。
　豚ひき肉、しょうが、にんにく、ザーサイ、
　酒を混ぜフライパンでよく炒める。
　冷めたら、ラップに包み、
　冷凍する。

2 ［山で］鍋に湯を沸かし、麺をゆでる。
　残り1分前に1の1袋を入れ、
　麺に添付の調味料で味を調える。

3 火を消す直前にニラを入れ、
　大きくひと混ぜして白すりごまをふる。

アドバイス　豚ひき肉炒めを使いまわすレシピ。多めに作り、小分けにて冷凍しておくと便利。ニラは麺が隠れるくらいたっぷりと。火を通しすぎず、シャキシャキした半生の食感がいい。

サンラータン麺

秋、冬　夕食　1〜2食　コッヘル
　　　　　　　1〜2日目　向き

● 材料（1人分）
マルタイの「棒ラーメン」（しょうゆ）
…… 1人分
豚ひき肉炒め（上のレシピと同様のもの）
…… 1人分
半熟卵…… 1個
黒酢（米酢でも可）、黒こしょう …… 適量
水……ラーメンの袋どおりの分量

作り方（調理時間10分）

1 鍋に湯を沸かし、麺をゆでる。
　残り1分前に豚ひき肉炒めを入れ、
　麺に添付の調味料で味を調える。

2 火を消したら半熟卵をのせ、黒酢、
　黒こしょうをかける。

奄美大島の郷土料理・鶏飯の麺バージョン

鶏麺

● 材料（1人分）

日清の「ラ王 柚子しお」…… 1袋

サラダチキン …… 適量

キユーピーの「玉九 錦糸たまご」…… ひとつかみ

しいたけの佃煮 …… ひとつかみ

ねぎ …… 適量

水 …… ラーメンの袋どおりの分量

夏　　朝食　　1〜2日目　　コッヘル
　　　　　　　　　　　　　　向き

作り方（調理時間8分）

1　湯を沸かす。

2　サラダチキン、しいたけの佃煮、ねぎを
　食べやすい大きさにカットする。

3　柚子しおラーメンを作り、2の具と錦糸たまごを
　のせる。

アドバイス

ごはんに鶏肉、錦糸卵、しいたけの佃煮などをのせて、鶏だしスープをかけていただく鶏飯を麺にしたもの。「ラ王 柚子しお」は鶏のうまみが効いた塩スープで鶏麺にぴったり。たくあんなどをのせても。

洋風チキンラーメン

通年　朝食　夕食　3日目以降　両方OK

● 材料（1人分）

日清の「チキンラーメン」 …… 1袋

野菜ジュース …… 1本（200ml）

にんにく（チューブ） …… 5cm

粉チーズ …… 適量

オリーブオイル …… 小さじ1

コンビーフ、乾燥野菜、

乾燥わかめなど好みの具 …… 適量

水 …… 250ml

作り方（調理時間10分）

1　鍋に野菜ジュースと水、にんにくを入れ、中火にかける。

2　沸騰したらチキンラーメンを入れ、麺をほぐしながら1分ほど煮る。

3　火を止めて、粉チーズとオリーブオイルをかけ、好みの具をのせる。

アドバイス　野菜ジュースは無糖で果物不使用のものを。汗をかく季節にはトマトジュースもおすすめ。酸味が効き、さっぱり食べられる。具は山行日数に応じて選ぼう。1日目なら、かいわれやハムなど生ものでも。

シンプルで、ほっとする滋味深さ

塩昆布とチンゲンサイのさっぱりラーメン

ALL　☀　☾　1〜2　▣
通年　朝食　夕食　1〜2日目　両方OK

● 材料（1人分）
ゆでちゃんぽん麺 …… 1人分
ミニチンゲンサイ …… 3束
塩昆布 …… ふたつかみ
水 …… ちゃんぽん麺の袋どおりの分量

作り方（調理時間10分）

1 ［家で］ファスナー付き密封袋に
チンゲンサイと塩昆布を入れ、
よく揉んでおく。

2 ［山で］鍋に湯を沸かし、
麺をゆでる。1を加えて、さっと火を通す。

3 添付の調味料と塩昆布を加えて味を調える。

アドバイス
チンゲンサイやキャベツなどの野菜と塩昆布（ごま油を足しても）の
あえものは、つまみにもなる。チンゲンサイは傷みやすいので、初
日などできるだけ早めに食べるようにしよう。

35

花椒肉味噌麺

通年　朝食　夕食　1〜2日目　両方OK

●材料（1人分）

肉味噌

　豚ひき肉 …… 100g

　油 …… 大さじ1/2　　花椒 …… 小さじ1/2

　豆板醤 …… 小さじ1/2

　にんにく、しょうが …… 各1/2かけ

　えのき …… 1/2袋

　しいたけ …… 1と1/2枚

　味噌 …… 大さじ1と1/4

中華麺（鍋用）…… 2袋

パクチー、花椒 …… 適量　　水 …… 適量

作り方（調理時間10分）

1 ［家で］フライパンに油を熱し、
花椒と豆板醤を入れる。香りが出たら、
みじん切りにしたにんにくとしょうがを加える。
豚ひき肉と、みじん切りえのき、
しいたけを入れてしっかり炒め、
最後に味噌を入れる。
冷めたら、ラップで包んで冷凍する。

2 ［山で］鍋に湯を沸かして中華麺をゆで、
途中で1を入れる。

3 仕上げにパクチーと、つぶした花椒をふる。

アドバイス

肉味噌にしっかり味がついているので、山では麺をゆでるだけで
OK。肉味噌あえ麺（P43）でも同じ肉味噌を使う。2食分仕込ん
で小分けにし、使いまわすのもいい。

サバ缶でボリュームと栄養を満点に

サバ缶で作るこしょう麺

通年　朝食　夕食　3日目　両方OK
　　　　　　　　以降

● 材料（1人分）

マルタイの「棒ラーメン」（しょうゆ）
…… 1人分

サバ水煮缶 …… 1缶

黒酢（米酢でも可）、黒こしょう …… 適量

水 …… ラーメンの袋どおりの分量

作り方（調理時間10分）

1　鍋に湯を沸かし、麺をゆでる。

2　残り1分前にサバ水煮を汁ごと入れ、
　　ラーメンに添付の調味料で味を調える。

3　火を消し、黒酢とこしょうで仕上げる

アドバイス　黒酢と黒こしょうを効かせることで缶の臭みが消え、絶品に。黒こしょうはホールをミルで挽くもよし、ない場合は二重の小袋に入れて石でたたくなど、粗挽きの挽きたてにすると風味がよく、おすすめ。

しいたけそば

通年　　朝食　　夕食　　1～2日目　両方OK

● 材料(1人分)

中華麺(棒状) …… 1束

干ししいたけ …… 3枚

鶏肉 …… 適量

しょうが …… 1/2かけ

酒 …… 大さじ1/2

しょうゆ …… 大さじ2

水 …… 適量

作り方（調理時間10分）

1 ［家で］干ししいたけは水大さじ2（分量外）、
しょうゆと合わせて
ポリ袋に入れる。
別のポリ袋に、一口大に切った鶏肉、
薄切りのしょうが、酒を合わせて入れる。

2 ［山で］鍋に1と水を入れ、火にかける。

3 沸騰したら中華麺を加えてゆでる。

アドバイス　具と調味料はまず、食品用ポリ袋へ。密封袋より小さくできるので、調味料の水分が回りやすい。味がよく染み、山では煮るだけと手間いらず。しいたけと鶏肉からだしが出て、おいしいスープができる。

携行食である味噌玉をスープにした、つけ麺レシピ

味噌玉つけ麺

ALL　🌙　1〜2　▣
通年　夕食　1〜2日目　コッヘル
向き

● 材料（1人分）

味噌玉

味噌 …… 大さじ4

中華スープの素 …… 大さじ1

ラー油、干しエビ、刻みねぎ …… 適量

白ごま …… 大さじ1

中華麺（蒸し麺）…… 1人分

メンマ、半熟卵、のりなど

好みのトッピング …… 適量

水 …… 200ml

作り方（調理時間10分）

1 ［家で］味噌玉を作る。
味噌、中華スープの素、ラー油、
干しエビ、刻みねぎ、
白ごまを合わせて練り、ラップに包む。

2 ［山で］鍋に湯を沸かし、
中華麺をさっとゆでる。麺を別の皿に移し、
残った湯で味噌玉を
好みの濃さになるよう溶かす。

3 麺を2のたれにつけて食べる。
好みのトッピングをのせる。

アドバイス

味噌汁の素＝味噌玉をヒントにしたつけ麺の素。中華スープの素、
干しエビ、ラー油、白ごまなどを味噌に練り込んで好みの味に。ね
ぎ、にんにく、のりなど、お気に入りの材料をプラスしてもいい。

39

チャチャッと作れる麺として愛される焼きそば。スタンダードに具と炒めるのはもちろん、具をトッピングして、あえ麺にすることもできる。軽量長持ち、パリパリそのまま食べられる揚げ麺もどうぞ。

チキンラーメンのかた焼きそば

● 材料（1人分）
日清の「チキンラーメン」 …… 1袋
カット野菜 …… 1/2袋
魚肉ソーセージ …… 1/2本
片栗粉 …… 小さじ2
水 …… 180ml
油 …… 適量

通年　朝食　夕食　1〜2日目　両方OK

作り方（調理時間10分）

1 カット野菜と食べやすく切った
　魚肉ソーセージを油で炒める。

2 水を入れ、野菜に火が通ったら
　水溶き片栗粉（分量外の水小さじ2で
　溶いたもの）を加えてとろみをつける。

3 火から下ろし、
　チキンラーメンを割り入れて、軽く混ぜる。

アドバイス　麺の味がかなり濃いので、あんは調味料なしでOK。片栗粉はファスナー付きの食品用小袋に入れていくと、袋のまま水溶きができる。麺を皿にのせて、あんをかけ、混ぜながら食べるのもおすすめ。

味は麺におまかせのあんかけそば

あんかけかた焼きそば

通年　夕食　1〜2日目　両方OK

● 材料（1人分）

かた焼きそば …… 1玉

中華丼の具（レトルト） …… 1袋

千切りキャベツ …… 1袋

水 …… 適量

作り方（調理時間5分）

1　湯を沸かし、中華丼の具を温める。

2　鍋か器にかた焼きそばを盛り、
　千切りキャベツをのせる。

3　2に1をかける。

アドバイス　温めて、のせてかけるだけの簡単メニュー。スーパーやコンビニで手に入る千切りキャベツでボリュームとシャキシャキ感をプラスできる。山でうれしい生野菜。日持ちしないので1日目のお楽しみに。

即席焼きそばが、本格麺に早変わり

肉味噌あえ麺

通年　朝食　夕食　3〜　両方OK
　　　　　　　　　3日目
　　　　　　　　　以降

● 材料（1人分）

肉味噌

　豚ひき肉 …… 100g　油 …… 大さじ1/2

　花椒 …… 小さじ1/2

　豆板醤 …… 小さじ1/2

　にんにく、しょうが …… 各1/2かけ

　えのき …… 1/2袋　しいたけ …… 1と1/2枚

　味噌……大さじ1と1/4

焼きそば（インスタント）…… 1袋

パクチー、花椒、ラー油 …… 適量

水 …… 220ml（焼きそばの表示量）

作り方（調理時間5分）

1 ［家で］フライパンに油を熱し、
花椒と豆板醤を入れる。香りが出たら、
みじん切りにしたにんにく、しょうがを加える。
豚ひき肉、みじん切りえのき、しいたけを入れて
しっかり炒め、最後に味噌を入れる。
冷めたら、ラップで包んで冷凍する。

2 ［山で］鍋に湯を沸かし、焼きそばをゆでる。

3 水分がなくなる前に、1を入れてあえる。
仕上げにパクチー、つぶした花椒、
ラー油をかける。

アドバイス

つまみにもなる麺。花椒肉味噌麺（P36）と同じ肉味噌で、味がしっかりついているため2日目に使いまわしても。花椒はファスナー付きの小袋に入れて持っていき、山で袋の上からつぶすと香りがいい。

カップうどんがタイの人気麺に

パッタイ

通年　朝食　夕食　3日目　両方OK
　　　　　　　　以降

● 材料（1人分）
きつねうどん（カップ） …… 1個
ナッツか柿の種 …… 25g
砂糖 …… 少々　レモン汁 …… 少々
桜エビ …… 少々
フライドにんにく …… ひとつまみ
唐辛子パウダー …… 少々
しょうゆ …… 適量　ハーブ …… 適量
水……適量

作り方（調理時間10分）

1 きつねうどんに付属のスープを半量ほど入れ、
　めんと油揚げが浸る程度に湯を注ぐ。

2 5分後にめんを取り出して器に盛り、砂糖、
　砕いたナッツか柿の種、
　レモン汁を入れて混ぜる。

3 2に桜エビ、フライドにんにく、
　唐辛子パウダー、しょうゆ、ハーブをかける。

4 残った油あげと汁は、そのまま楽しむ。

アドバイス

カップうどんに注ぐ湯は、麺が戻る、かつスープが飲みきれる量にうまく調節を。荷がかさばるのを避けるなら、カップの中身だけ袋などに入れて持っていき、山ではコッヘルを使って戻しても。

さわやかさとコクのあるスナックを具に

レモンいか天焼きそば

通年　夕食　1〜2日目　フライパン向き

● 材料（1人分）

焼きそば（蒸し麺）…… 1袋

レモン味のいか天 …… 1つかみ

水菜 …… 2束

タルタルソース …… 1 〜 2パック

水 …… 適量

作り方（調理時間5分）

1 フライパンに焼きそばと水を入れ、炒める。

2 麺が温まったら火を止め、
いか天、ざく切りにした水菜、
タルタルソースをかける。

アドバイス　食感のよいいか天を、調味料も兼ねて味のポイントに。蒸し麺と水菜は食べごたえ重視のチョイスなので、2日目以降ならインスタント焼きそばと乾燥野菜にしよう。タルタルソースはマヨネーズでもOK。

ポイントは、レモンと焦がししょうゆ

ホタテレモン缶のちゃんぽん麺

通年　朝食　夕食　1〜2日目　フライパン向き

● 材料（1人分）
中華麺（蒸し麺）…… 1人分
レモン風味ホタテ缶 …… 1缶
刻みねぎ …… 適量
油 …… 適量
しょうゆ …… 適量

作り方（調理時間10分）

1　フライパンに多めの油を熱し、
　　中華麺をほぐしながら炒める。

2　1にホタテを汁ごとと刻みねぎを入れて、
　　さっと炒め、焦がししょうゆで味を調える。
　　レモンの風味が弱ければ
　　レモン果汁を追加してもよい。

アドバイス　中華麺は多めの油を引いたフライパンに、ほぐしながら押し当てるようにして焼く。焦げ目がつくくらいが、香ばしくておいしい。レモン風味のホタテ缶がなければ、通常のホタテ缶でもよい。

焼きそば・かた焼きそば

屋台の味のようなジャンクさ

バター香るツナ焼きそば

通年 (夏は除く) / 朝食 / 夕食 / 1〜2日目 / フライパン向き

● 材料（1人分）

マルちゃんの「焼そば」
…… 1人分
お茶漬けの素 …… 1袋
バター（個装）…… 8g
ツナ（パック）…… 1袋
ドライねぎ …… 適量
水 …… 適量

作り方（調理時間5分）

1 熱したフライパンにバターを溶かし、ツナをさっと炒める。

2 麺を入れ、その上に水をたらしてほぐし、水分が飛ぶまで炒める。

3 お茶漬けの素を加えて混ぜる。

4 お茶漬けの素が全体に絡まったら火を止め、ドライねぎをふりかける。

アドバイス　使う調味料が少ないので、すぐにできるレシピ。いろんなうまみが詰まったお茶漬けの素に、さらにバターで濃厚に。焼きそばのほか、うどんでもパスタでも。

パスタ

ロングにショート、粒など形状多彩なパスタたち。
浸水させておくか、早ゆでタイプを使って時短に。
缶詰やパック素材をまるごと使い、味や油を生か
すといい。クリーミー、さっぱり、どちらにする?

ボンゴレロッソ

● 材料（1人分）

パスタ …… 70g

トマトペースト
…… 1パック(18g)

アサリ水煮缶 …… 小1缶

ミニトマト …… 4個

ドライスライスにんにく
…… 適量

オリーブオイル …… 大さじ1

塩・こしょう …… 適量

パルメザンチーズ …… 大さじ1〜

バジル、イタリアンパセリなどのハーブ …… 適量

水 …… 120ml

(ALL) 通年　☀ 朝食　☾ 夕食　3〜 3日目以降　フライパン向き

作り方（調理時間8分）

1 パスタをファスナー付き密封袋に水とともに入れ、
パスタ全体が水に浸かった状態にし、
1時間半ほど置く。

2 フライパンにトマトペースト、アサリを汁ごと、
半分に切ったミニトマト、軽く砕いたドライスライスにんにく、
オリーブオイル、1の水を入れて火にかける。

3 ひと煮立ちしたら1のパスタを入れて、よく混ぜながら加熱する。
パスタの色が変わったら塩・こしょうで味を調え火を止め、
パルメザンチーズ、ハーブをのせていただく。

アドバイス　パスタを水に浸しておくことで調理時間が短縮でき、ガスの節約に。
ミニトマトは日持ちするうえ、フレッシュ感を与えてくれる。バジルと
イタリアンパセリも生がおすすめ。長期山行なら乾燥タイプを。

Wトマトで真っ赤な山パスタ

パスタ

赤ワインに合う、秋のレシピ

甘栗とソーセージのニョッキ

● 材料（1人分）

ニョッキ …… 200g（今回はディチェコのものを使用）

甘栗（むいてあるもの）…… 1袋(80g)

ソーセージ …… 2本

ブルーチーズ …… 40g

バター …… 30g

水 …… 200ml

黒こしょう、粉チーズ …… 適量

ALL　通年（夏は除く）　夕食　1〜2　1〜2日目　フライパン向き

作り方（調理時間10分）

1　バターとブルーチーズを火にかけ、
溶けたら水を加えてひと煮立ちさせる。

2　1に、5mm幅の輪切りにしたソーセージと
適当にほぐした甘栗、ニョッキを加え、煮詰める。

3　ニョッキに火が通ったら、
黒こしょう、粉チーズをかける。

アドバイス　甘栗、ソーセージは行動食やほかの料理にも使える便利な食材。栗の甘さと、ソーセージ、チーズの深みのあるしょっぱさが絶妙。ペンネなど、ほかのショートパスタでも。

イワシ×明太子のWのうまみ

イワシ明太パスタ

通年　夕食　3日目以降　コッヘル向き

●材料（1人分）

パスタ …… 100g

セブン-イレブンの「いわし明太焼」

…… 1缶

オリーブオイル …… 適量

のり、黒こしょう …… 適量

塩 …… 小さじ1

水 …… 500ml

作り方（調理時間10分）

1 鍋に水、塩、オリーブオイル小さじ1、
鍋のサイズに合わせて折ったパスタを入れて
火にかける。

2 沸騰したら麺のゆで時間を計り、
残り1分でイワシ缶を入れる。

3 そのまま煮詰めて少しとろみのついたスープが
残る程度になったら火を止め、
揉んだのり、黒こしょう、オリーブオイルを
回しかけて仕上げる。

アドバイス　　鍋にパスタが張り付かないように多めの水とオリーブオイルを入れるのがポイント。水を飛ばし切らず、スープパスタ風に。

素早くボリューム満点グラタン

パスタ

ミートグラタン

通年　朝食　夕食　1〜2日目　フライパン向き

● 材料（1人分）

マ・マーの「早ゆで1分30秒 クルル」
…… 100g

ポッカサッポロの
「じっくりコトコト ブロッコリーチーズ」
（インスタントスープ） …… 1袋

石井食品の「ミートボール」 …… 1袋

マッシュルーム（パック） …… 1袋

水 …… 適量

作り方（調理時間10分）

1　ミートボールを袋の上から押しつぶす。

2　フライパンにクルルが浸る程度の水を注いで
　　火にかけ、1を袋ごと入れて温める。

3　ミートボールが温まったら取り出し、
　　沸いた湯にクルルとマッシュルームを
　　入れてゆでる。

4　ゆで上がったら、
　　「じっくりコトコトブロッコリーチーズ」と
　　2を入れて混ぜる。

アドバイス

パックのミートボールは手に入りやすく、手軽にボリュームアップできる食材。カップスープの素とともに、味をバッチリ決めてくれる。早ゆでクルルはすぐにゆで上がるので、手早く調理しよう。

食が進む定番の味を山仕様に

ナポリタン

通年　朝食　夕食　3日目 以降　両方OK

● 材料（1人分）
マ・マーの「早ゆでで3分スパゲティ」
…… 1束
サラミ …… 1/4本
たまねぎ（中）…… 4/1個
ピーマン …… 1個
ケチャップ …… 1袋(8g)
塩・こしょう …… 適宜
水 …… 180cc

作り方（調理時間5分）

1　コッヘルを火にかけ、薄切りにしたサラミ、
たまねぎ、ピーマンを炒める。
ケチャップを加え、
塩・こしょうで味を調えたら皿に移す。

2　同じコッヘルに湯を沸かし、
スパゲティを約3分ゆでる。

3　1をコッヘルに戻し、
スパゲティと混ぜ合わせる。

アドバイス

たまねぎとピーマンは、そのまま持参すれば2日目以降も使える素材。横に切ると早く火が通り、時短になる。縦に5mmほどの厚さに切ると、食感を楽しめる。サラミはチョリソーに代えてもおいしい。

豚ひき肉とまいたけのペンネ

秋、冬　夕食　1〜2日目　フライパン
　　　　　　　　　　　　向き

● 材料（1人分）

ペンネ（早ゆで）…… 150g

豚ひき肉 …… 150g

まいたけ …… 100g

にんにく …… 1片

生クリーム …… 100ml

粉チーズ、オリーブオイル …… 各大さじ2

水 …… 400ml

塩、黒こしょう、ミックスハーブ …… 適量

作り方（調理時間10分）

1　[家で]豚ひき肉に塩、黒こしょう、ミックスハーブを
　　加えて練り、ファスナー付き密封袋に入れておく。

2　[山で]フライパンにオリーブオイル、
　　つぶしたにんにくを入れて火にかけ、
　　香りが出たら、1を一口サイズにちぎりながら加えて
　　焼き色をつける。

3　まいたけを一口大にほぐして炒め、
　　しんなりしたら生クリーム、粉チーズを加えて
　　ひと煮立ちさせる。水を入れてなじませ、
　　再沸騰したらペンネを投入し、強火で煮詰める。

4　水分が足りなくなったら適宜足し、
　　ペンネを好みの硬さになるまで煮詰める。

アドバイス　ジューシーな豚ひき肉の団子が入った生クリームのソースは、秋冬の寒い時期に食べたい濃厚さ。まいたけは、前日に軽く干しておくとうまみが増す。黒こしょうを効かせて、赤ワインとともに。

のりとパスタは相性抜群！

アサリとのりのスパゲティ

 通年 夕食 3日目以降 コッヘル向き

● 材料（1人分）

スパゲティ（早ゆで）…… 200g
アサリ水煮缶 …… 1缶（130g）
おにぎり用のり（味付きでないもの）
…… 2枚
にんにく …… 1片
ケイパー（できれば塩漬けのもの）…… 10g
ミックスハーブ、オリーブオイル …… 適量
水 …… 200ml

作り方（調理時間10分）

1　フライパンにオリーブオイルと
　つぶしたにんにくを入れて火にかけ、
　香りが出るまで炒める。

2　1にアサリを汁ごととケイパー、
　ミックスハーブ、水、ちぎったのりを加える。

3　2が沸いたらスパゲティを加えて好みの硬さにし、
　仕上げにオリーブオイル（分量外）をかける。

アドバイス

アサリとのりのだしが効いたスープは、夏場に塩分とミネラルを摂るのによい。のりはトッピングではなく、スープにたっぷりめに溶かすこと。ケイパーがアクセントになるので、できれば用意したい。

夏にビールと!

サバのトマトソースのペンネ

通年　夕食　3日目以降　コッヘル向き

● 材料（1人分）

ペンネ（早ゆで）…… 150g
サバ水煮缶 …… 1缶
ししとう（破裂しないように
ナイフで数カ所刺しておく）…… 6本
にんにく …… 1片
ケイパー（できれば塩漬けのもの）…… 10g
カゴメのトマトペースト …… 1個（18g）
オリーブオイル …… 大さじ2
水 …… 200ml

作り方（調理時間10分）

1　コッヘルにオリーブオイルと
　　つぶしたにんにく、ししとうを入れて火にかけ、
　　香りが出るまで炒める。

2　1にサバ水煮を汁ごととトマトペースト、
　　ケイパー、水を加える。

3　ソースが沸いたらペンネを入れて
　　好みの硬さになるまで煮込み、
　　仕上げにオリーブオイル（分量外）をかける。

アドバイス　ペンネは下ゆでせずにスープで煮込んで、味をしっかりつける。トマトは水煮や生でなく濃縮タイプのトマトペーストを使うことで、軽量・コンパクトに携行でき、かつコクが出る。

簡単でリッチな、本格イタリアン

バターとカラスミのスパゲティ

通年
（夏は除く）　夕食　1〜2日目　両方OK

● 材料（1人分）
スパゲティ（早ゆで）…… 200g
バター …… 30g
粉チーズ …… 大さじ1
水 …… 400ml
塩 …… ひとつまみ
カラスミパウダー …… 適量

作り方（調理時間10分）

1 コッヘルに湯を沸かして
  バター半量と塩を入れ、スパゲティをゆでる。

2 強火で水分を飛ばしながらゆで汁を絡めつつ、
  スパゲティが好みの硬さになったら、
  バターの残りと粉チーズを加えてよく混ぜる。

3 仕上げにカラスミパウダーを
  好きなだけふりかける。

アドバイス

ボラの卵巣の塩漬けである高級珍味、カラスミ。イタリア料理では
ボッタルガといわれ、パスタや酒に合う。パウダータイプを使うと携
行しやすい。代わりに、生ハム、たたみいわしでも美味。

缶のオイルもまるっと味わう

アンチョビのスパゲティ

通年　朝食　夕食　3日目以降　両方OK

● 材料（1人分）

マ・マーの「早ゆで3分スパゲティ」
…… 1束

アンチョビフィレ …… 1/2缶

ガーリックチップ …… 適量

ドライパセリ …… 適量

塩・こしょう …… 適量

水 …… 180ml

作り方（調理時間5分）

1 コッヘルに湯を沸かし、
スパゲティをふたつに折って入れ、
中火で約3分ゆでる。

2 水がなくなる直前に、アンチョビフィレを
オイルごと入れてなじませる。

3 塩・こしょうで味を調え、
仕上げにガーリックチップとドライパセリを散らす。

アドバイス

アンチョビフィレは35g程度の缶で2人分が目安。軽くて量もちょうどよく、使いやすい。左の写真は50g。人数に合わせて選ぼう。スライスしたたまねぎをパスタと一緒にゆでると、もっとおいしい。

するする食べやすい、さっぱりパスタ

和風ツナパスタ

通年　朝食　夕食　1～2日目　両方OK

● 材料（1人分）

マ・マー「早ゆで1分サラダスパゲティ」
…… 1袋(150g。好みで1/2～1/3程度)
ツナ(パック) …… 1袋
かいわれ大根 …… 1パック
しょうゆ(パック) …… 1～2袋
水 …… 適量
のり …… 適量

作り方（調理時間5分）

1 ［家で］かいわれ大根の根を取り、
2分の1～3分の1の長さに切って
ファスナー付き密封袋に入れておく。

2 ［山で］フライパンに、
スパゲティが浸る程度の水を入れて沸かす。
スパゲティを入れて火を止め、
ふたをして1分蒸らす。

3 湯を切り、ツナを
油ごと入れてあえる。

4 しょうゆで味を調え、1、のりを散らす。

アドバイス

持ち運びに便利なパックのツナを油ごと使用。かいわれ大根と一緒にサラダ感覚で食べられる。ゆで汁は捨てず、カップスープなどに利用しよう。しょうゆの代わりに粉末のめんつゆの素を使っても。

パスタ

パスタパエリア

通年　朝食　夕食　1〜2日目　両方OK

● 材料（1人分）

マ・マーの「早ゆでで1分サラダスパゲティ」
…… 1袋（150g。好みで1/2 〜 1/3程度）

コーン（パック）…… 1袋

マッシュルーム（パック）…… 1袋

シーフードミックス …… 50g

パエリアの素（粉）…… 1袋

好みでパルメザンチーズ、ドライパセリ
…… 適量

作り方（調理時間10分）

1 スパゲティを袋の中で米粒大にカットする。

2 フライパンにコーンとマッシュルームを
汁ごと入れて火にかける。

3 沸騰したら1とシーフードミックスを加え、
水分がほぼなくなるまで煮詰める。

4 火を止めてパエリアの素を混ぜる。
好みでパルメザンチーズ、
ドライパセリをトッピングする。

アドバイス

時間のかかる炊き込みごはんも、早ゆでパスタならすぐ。袋の上から押して細かくしてもいいが、突き出ることがあるため慎重に。パックの材料に含まれる水分が少ない場合は、2で適宜水の追加を。

手軽でお腹も満たされる

ほうれん草のニョッキ

通年　朝食　3日目　コッヘル
　　　　　　以降　向き

● 材料（1人分）

ニョッキ …… 1/2袋（約120g）

乾燥ほうれん草 …… 5g

サラミ …… 25g

パルメザンチーズ …… 適量

カップスープの素（きのこポタージュ味など）

…… 1袋

水 …… 200ml

作り方（調理時間5分）

1 コッヘルに湯を沸かして乾燥ほうれん草と
ニョッキを入れ、浮かんでくるまでゆでる。

2 1にサラミとカップスープの素を入れて混ぜ、
とろみがついたらパルメザンチーズを
たっぷりかけて完成。

アドバイス　とにかく簡単で、朝におすすめ。食べごたえあるニョッキのおかげ
で、お腹いっぱいになれる。カップスープは、きのこのポタージュな
どクリーム系が合う。パルメザンチーズと相まって濃厚な味に。

卵なしでOK。チーズで作るカルボナーラ

カルボナーラ風シチューパスタ

ALL　通年
☀　朝食
🌙　夕食
1〜2　1〜2日目
コッヘル向き

● 材料（1人分）

サラダスパゲティ …… 1人分
ホワイトソースの素（粉末）…… 1袋
おつまみ用サラミ …… 1本
溶けるチーズ …… 2枚
しょうゆ（使い切り小袋のもの）…… 1袋
黒こしょう …… 小さじ2
粉チーズ …… 小さじ2
水 …… 200ml

作り方（調理時間8〜10分）

1 コッヘルに湯を沸かす。
　その間に、サラミを短冊切りにする。

2 湯が沸いたら
　サラダスパゲティをゆでる（強火で4分）。

3 2にホワイトソースの素を入れて混ぜ、
　チーズをちぎりながら入れて
　ソースがトロトロになるまで混ぜる。

4 しょうゆ、黒こしょうを加え、味を調える。
　火を止めて、好みで粉チーズをふる。

アドバイス　ホワイトソースの素は溶けやすい粉末タイプを使おう。さらにチーズを加えることでより濃厚になり、卵黄を使わなくてもカルボナーラ風に。サラミは、常温保存可能なおつまみ用がおすすめ。

山でうれしい酸みをレモンとチーズで

レモンクリームパスタ

（ALL）通年　（☀）朝食　（🌙）夕食　（3〜）3日目以降　（☕）両方OK

作り方（調理時間8分）

1 パスタを水に1時間半ほど浸しておく（P48参照）。

2 フライパンに1の水、クリームチーズ、
　オリーブオイル、塩少々を入れて火にかける。

3 ひと煮立ちしてクリームチーズが
　半分ぐらいに溶けたら、
　パスタを加えてよく混ぜながら火を通す。

4 パスタの色が変わったら火を止め、レモン汁と
　パルメザンチーズを入れ、塩・こしょうで
　味を調える。好みでパルメザンチーズ、
　パセリをふってどうぞ。

● 材料（1人分）

パスタ …… 70g

クリームチーズ …… 2個

オリーブオイル …… 大さじ1/2

レモン汁 …… 大さじ1/2

パルメザンチーズ …… 適量

塩・こしょう …… 適量

水 …… 150ml

好みでパセリ …… 適量

 アドバイス　水に浸したパスタは調理時間が短くてすむうえに、モチモチした食感を楽しめる。レモンのさわやかさがありつつ、2種のチーズでクリーミー。クリームチーズのほどよい酸味とコクが味をまとめてくれる。

トマトクリームシーフードパスタ

ALL	🌙	1~2	➖
通年	夕食	1~2日目	フライパン 向き

● 材料（1人分）

マ・マーの「パレット」プレーン
（フェットチーネ）…… 1袋

シーフードミックス（冷凍）…… 80g

ミニトマト …… 2～3個

ドライにんにく …… 2～3枚

カゴメの「トマトペースト ミニパック」
…… 1袋（18g）

牛乳（常温保存可能なもの）
…… 1パック（250ml）

塩 …… 適量　オリーブオイル …… 適量

作り方（調理時間15分）

1　[家で]冷凍のシーフードミックスを
必要な分だけポリ袋に小分けにする。
その際に塩をふたつまみ程度ふっておく。

2　[山で]フライパンにオリーブオイルを引き、
1とドライにんにく、ミニトマトを炒める。

3　牛乳を加え、フェットチーネをゆでる。

4　ゆで上がるころに、
トマトペーストを入れて溶かす。

5　塩で味を調える。
好みでバジルなどのハーブを添える。

アドバイス　マ・マーの「パレット」は、フェットチーネのインスタント麺。プレーン
以外にほうれん草味などもある。少ない水でゆでられ、約5分でモ
チモチの食感が楽しめる。ここではソースで麺をゆでた。

アボカドディップのペンネ

ALL 通年　夕食　1〜2日目　コッヘル向き

● 材料（1人分）

ペンネ(早ゆで) …… 1人分
アボカド …… 2分の1個
粉チーズ、塩、しょうゆ …… 適量
水 …… 適量

作り方（調理時間10分）

1 コッヘルにペンネが
浸かるくらいの湯を入れて沸かし、
ペンネをゆでる。

2 ペンネをゆでている間に、
シエラカップなどでアボカドをつぶす。
1の湯でのばしながらクリーム状にし、
粉チーズ、塩、しょうゆで味付けをする。

3 ペンネと2をあえながら食べる。

アドバイス　約20ものビタミン、ミネラル、カリウム、葉酸など栄養素が豊富に含まれるアボカド。フォークでつぶし、塩、お湯、粉チーズで調味したディップにして、サラダのように食べよう。

まぜ寿司仕立ての粒パスタ

パスタ

クスクスサラダ

夏　朝食　夕食　3日目以降　コッヘル向き

● 材料（1人分）

クスクス …… 50g

たまねぎ …… 1/2個

きゅうり …… 1/2本

ツナ（パック）…… 1袋

ミックス豆 …… 1袋

パウダー状の酢 …… 適量

水 …… 50ml

作り方（調理時間10分）

1　鍋に湯を沸かす。
　クスクスを入れて火を止め、
　5分ほど蒸らす。

2　たまねぎ、きゅうりを粗いみじん切りにし、
　1に加えて混ぜる。

3　ツナ、ミックス豆、
　パウダー状の酢を入れてよく混ぜる。

アドバイス　　パサつきがちなクスクスに、パックのツナで油分をフォロー。パウダー状の酢による酸みと、生野菜のシャキシャキ感によって食が進む。ミックス豆でタンパク質量とボリュームをアップ。

つぶつぶパスタを豆乳で味わう

豆乳クスクス

ALL 通年　朝食　3〜 3日目以降　コッヘル向き

● 材料（1人分）

クスクス …… 50g

豆乳 …… 1本（200ml）

ししとう …… 4〜5本

ベーコン …… 30g

塩昆布 …… 適量

作り方（調理時間10分）

1 豆乳、ししとう、
ベーコンを鍋に入れて火にかける。
噴きこぼれる直前に火を止める。

2 クスクスを加えて混ぜ、
ふたをして5分ほど蒸らす。

3 塩昆布を加え、よく混ぜる。

アドバイス　クスクスに豆乳のコク、ベーコンと塩昆布のうまみをプラス。ししとうは日持ちするので、長期山行の麺にも彩りを与えてくれる。サラサラ食べたい場合は、豆乳か水を足してクリームリゾット風にしても。

素材の滋味をミニパスタとともに

パスタ

豆としょうがのスープパスタ

通年　朝食　3日目　両方OK
　　　　　　以降

● 材料（1人分）

蒸し大豆 …… 1袋

しょうが …… 1かけ

アルファベット型パスタ …… 適量

ミニトマト …… 3 〜 4個

塩 …… 適量

水 …… 250ml

作り方（調理時間10分）

1 鍋に蒸し大豆、
　粗めのみじん切りにしたしょうが、
　塩少々、水を入れて火にかける。

2 沸騰したらアルファベット型パスタを入れ、
　表示時間どおりゆでる。

3 半分に切ったミニトマトを加えて、
　ひと煮立ちしたら火を止め、塩で味を調える。

アドバイス

しょうがと大豆からじんわりとだしが出て、味わい深いスープに。し
ょうがで体も温まる。パスタは、アルファベット型など小さめがおす
すめ。さらっとしたスープによく合い、一口一口食べやすい。

69

うどん

1日目なら、ゆで麺や冷凍麺のコシ、手軽さを満喫できる。炒めたり、あえたりするうどんはこの日にどうぞ。2日目以降は無塩の乾麺か常温保存可能なタイプを使い、汁うどんにするのがスムーズ。

ほうとう

● 材料（1人分）

はくばくの	ねぎ …… 5cm
「甲州 あばれほうとう」	油揚げ …… 1/4枚
…… 1/2袋	かぼちゃの煮物(パック)
豚こま切れ肉 …… 50g	…… 1袋
にんじん …… 3cm	塩 …… 小さじ1弱
大根 …… 3cm	水 …… 適量
しめじ …… 10本	

（ALL）通年　（☀）朝食　（🌙）夕食　（1～2）1～2日目　（▮）コッヘル向き

作り方（調理時間15分）

1 [家で] 豚肉に塩をすり込み、ファスナー付き密封袋に入れる。
にんじんと大根は2〜3mm幅の半月切りにし、
ほぐしたしめじと一緒に密封袋に入れておく。

2 [山で] 鍋に水とほうとうを入れて、できれば1〜2時間浸しておく。
1の野菜類、1cm幅の斜め切りにしたねぎ、
細切りにした油揚げを加えて火にかける。

3 沸騰したら1の豚肉を入れる。鍋にほうとうがこびりつかないよう、
ときどき混ぜながら3〜5分煮る。

4 ほうとうがやわらかくなったら付属のつゆで味付けし、かぼちゃの煮物をのせる。

アドバイス　はくばくの「甲州 あばれほうとう」は湯切り不要で山向き。浸水させると短時間でゆで上がる。火が通りづらいかぼちゃは、パックの煮物を利用。時間をかけずにほくほくゴロッとした食感を楽しめる。

うどん

ぐつぐつほくほく、あったまる麺

甘辛い肉炒めをうどんに絡めて

ガパオ風うどん

●材料（1人分）

うどん（冷凍麺）…… 1玉　　砂糖 …… 大さじ1/2
鶏ひき肉 …… 100g　　　　ナンプラー …… 大さじ1/2
にんじん …… 1/2本　　　　にんにく、輪切り唐辛子
ピーマン …… 2個　　　　　 …… 適量
卵 …… 1個　　　　　　　　 水 …… 適量

ALL 通年　☀ 朝食　🌙 夕食　1〜2 1〜2日目　▬ フライパン向き

作り方（調理時間10分）

1　[家で]フライパンを熱し、鶏ひき肉、にんにく、
　　唐辛子、細切りにしたにんじんとピーマンを炒める。
　　火が通ったら砂糖、ナンプラーで味付けする。
　　冷めたらファスナー付き密封袋に入れて冷凍する。

2　[山で]目玉焼きを作り、皿に移す。

3　フライパンにうどんと水を入れて、温める。

4　3に1と目玉焼きをのせてできあがり。

アドバイス　ライスがメジャーだが、うどんも意外と合う。本来「ガパオ」はホーリーバジルのこと。あれば追加を。時間のあるときに具を作って冷凍しておけば、1日目のメニューに悩まず、いつでも山に行ける。

香り・辛み・うまみで箸が進む

ゆずこしょう味噌うどん

通年　朝食　夕食　1〜2日目　フライパン
向き

● 材料（1人分）

うどん（冷凍麺）…… 1玉

味噌 …… 大さじ1弱

ゆずこしょう …… 適量

かつおぶし（小分けパック）…… 1袋

温泉卵 …… 1個

青ねぎ …… 適量

水 …… 50 〜 100ml

作り方（調理時間8分）

1 フライパンにうどんと水を入れ、
ふたをして火にかける。

2 うどんがほぐれてきたらふたを外し、味噌、
かつおぶし、ゆずこしょうを入れてよくあえる。

3 火を止め、2に温泉卵をのせて
小口に切った青ねぎをかけ、
卵をくずしながら食べる。

アドバイス

調味料と薬味の組み合わせが絶妙な一品。ゆずこしょうが味の決
め手で、ゆずの香りと青唐辛子が食欲を増してくれる。かつおぶし
のうまみが好相性。青ねぎはドライタイプでもいい。

つけだれとスープで二度おいしい

釜揚げサバだれつけうどん

通年　朝食　1〜2日目　両方OK

● 材料（1人分）
うどん（ゆで麺）…… 1玉
サバ水煮缶 …… 1缶
ごまだれ …… 大さじ3
めんつゆ（3倍濃縮）…… 大さじ3
すりごま …… 大さじ2
青ねぎ …… 適量
豆乳 …… 1パック（200ml）
ラー油 …… 適量
水 …… 100ml

作り方（調理時間5分）

1 ［家で］小さめのボトルなど持ち運べる容器に、
  ごまだれ、めんつゆ、すりごま、
  水大さじ2（分量外）を入れて混ぜる。

2 ［山で］カップに1とサバ水煮を入れて
  かき混ぜ、小ねぎをのせる。

3 うどんと水をコッヘルに入れ、火にかけ温める。

4 2にうどんをつけて食べる。

5 残ったサバだれとうどんのゆで汁を
  豆乳とともに温め、小口切りにした青ねぎと
  ラー油をかけていただく。

アドバイス　サバ缶を丸ごと活用し、ごまだれと混ぜることでコクとうまみたっぷりのつけだれに。最後に豆乳とラー油で担々スープ風にアレンジし、余さず味わおう。夏は水でほぐすだけの「流水麺」を使っても。

お肉もりもり、あったまろう

肉ごぼううどん

通年　朝食　夕食　1〜2日目　コッヘル向き

● 材料（1人分）
うどん（ゆで麺）…… 1玉
切り落とし肉（牛または豚）…… 50g
ごぼう …… 1/8本
油 …… 適量
砂糖 …… 大さじ1/2
しょうゆ …… 大さじ1/2
うどんスープの素（粉）…… 1袋
水 …… 250ml

作り方（調理時間5分）

1　[家で]フライパンに油を引いて肉を炒め、
火が通ったら一度取り出す。
同じフライパンで、
ささがきにしたごぼうに火を通す。
肉を戻し入れ、砂糖としょうゆで味をつける。
冷ましてからファスナー付き密封袋に入れ、
冷凍する。

2　[山で]湯を沸かし、うどんスープの素と
うどんを入れる。
うどんがほぐれたら、1をのせる。

アドバイス　家で仕込んだ具のおかげで、山では手間なくボリューム満点の一杯が完成。うどんスープの素（粉）はヒガシマルの「うどんスープ」がおすすめ。1人前ずつ袋に入っていて、かさばらず使いやすい。

しょうが＆くずで、ぽかぽか温まる

豚肉のしょうがくずとじうどん

冬　夕食　1〜2日目　コッヘル
向き

● 材料（1人分）

うどん（ゆで麺）…… 1玉

豚薄切り肉 …… 3−4枚

ねぎ、しょうが（スライス）…… 適量

塩 …… 少々

くず粉（もしくは片栗粉）…… 大さじ2

うどんのだし …… 適量

水 …… 300ml

作り方（調理時間10分）

1 ［家で］豚薄切り肉に塩、
くず粉をまぶし、しょうがを添えて
ラップで包み冷凍する。

2 ［山で］コッヘルに湯を沸かし、
うどんをゆでる。うどんのだしを入れ、
1とねぎを加えて肉に火が通るまで煮る。

アドバイス

あんにとろみをつけるのは片栗粉でもいいけれど、体を温める作用
があるくず粉のほうがおすすめ。水に溶かしたほうがダマになりに
くきれいに透明になるが、山では細かいことは気にせずに！

某うどん店の人気メニューを山でも

明太子タルタルうどん

ALL　　　　1～2
通年　夕食　1～2日目　両方OK

● 材料（1人分）

うどん（ゆで麺）…… 1玉
辛子明太子 ……1 腹
タルタルソース（パック入り）…… 1本
水 …… 少々
のり …… 少々

作り方（調理時間10分）

1　コッヘルにうどんを入れ、
　　水をふりかけて、火にかけながらほぐす。
　　水分はやや飛ばす。

2　辛子明太子をつぶし入れ、
　　タルタルソースと混ぜて食べる。
　　好みで、のりをふる。

アドバイス

ミニパックに入ったタルタルソース、辛子明太子は、夏以外は常温でも傷みにくいが、念のため冷凍して持参しよう。タルタルソースでカロリーが上がり、ほのかな酸みがあるので、バテていても食べやすい。

野菜と、塩麹漬けの肉のうまみがジュッ

焼きうどん

夏　　朝食　　夕食　　1〜2日目　　フライパン
　　　　　　　　　　　　　　　　　　　　　向き

● 材料（1人分）

細うどん（ゆで麺）…… 1玉
豚肉 …… 50g
塩麹 …… 小さじ1
にんじん …… 1cm
しめじ …… 10本
キャベツ …… 1枚
焼きそばソース（粉）…… 適量
水 …… 適量

作り方（調理時間10分）

1 [家で]豚肉と塩麹を
　ファスナー付き密封袋に入れる。

2 [山で]2mmほどの細切りにしたにんじん、
　1cm幅に切ったキャベツ、
　ほぐしたしめじをフライパンで炒める。
　火が通ったら、1を加える。

3 少量の水とうどんを入れ、
　水分がなくなったら
　焼きそばソースで味をつける。

アドバイス　　肉は塩麹に漬けることで、保存性もうまみもアップする。にんじん、しめじ、キャベツは比較的長持ちする素材。細うどん（ゆで麺）の代わりに乾麺を使えば、2日目以降のメニューにもできる。

豆腐を衣にして、あえ麺に

豆腐の白あえうどん
実山椒さっぱり味

ALL　通年（夏は除く）　朝食　夕食　1〜2 1〜2日目　両方OK

● 材料（1人分）

うどん（冷凍麺）…… 1玉

豆腐 …… 半丁

実山椒 …… 大さじ1〜2

塩、しょうゆ …… 適量

水 …… 少々

作り方（調理時間10分）

1　コッヘルにうどんを入れ、水をふりかける。
火にかけながらうどんをほぐす。
水分はやや飛ばす。

2　コッヘルのふたなどで豆腐をすりつぶし、
塩、しょうゆ、実山椒で好みの味付けにする。

3　うどんと2をあえながら食べる。

アドバイス　　豆腐の白あえを、うどんと絡めてさっぱりしたあえ麺に。白あえは、和洋中、エスニックと味のアレンジがしやすい。風味のいい実山椒をアクセントにしたこのレシピは、夏に食べたい味。

ナンプラーでエスニックに

豆腐の白あえうどん
トマト&ナンプラーのエスニック味

通年　　朝食　　夕食　　1〜2日目　両方OK
（夏は除く）

● 材料（1人分）

うどん（冷凍麺）…… 1玉

豆腐 …… 半丁

トマト、ねぎ …… 適量

練りごま …… 大さじ1〜2

ナンプラー …… 適量

水 …… 少々

作り方（調理時間10分）

1　コッヘルにうどんを入れ、水をふりかける。
　　火にかけながらうどんをほぐす。
　　水分はやや飛ばす。

2　コッヘルのふたなどで豆腐をすりつぶし、
　　練りごま、ナンプラーで味付けする。

3　刻んで果汁を出したトマトとねぎを
　　さらに混ぜる。

4　うどんを3とあえながら食べる。

アドバイス　　トマトとナンプラーの白あえは、つまみにしてもいい。隠し味にしたのは練りごま。白あえにコクが出て、舌ざわりがより滑らかになり、うどんが食べやすくなる。

材料すべて常温保存可能！

キーマカレーチーズうどん

ALL 通年　　朝食　　夕食　　3日目以降　　コッヘル向き

● 材料（1人分）

うどん（乾麺）…… 1人分
キーマカレー（レトルト）…… 1袋
溶けるチーズ …… 2枚
粉チーズ …… 小さじ2
水 …… 200ml

作り方（調理時間10分）

1 コッヘルに湯を沸かし、
　うどんをゆでる（強火で4分が目安）。
　うどんのだしで薄めに味付けしてもよい。

2 レトルトのキーマカレーを入れて混ぜる。
　よく混ぜながら、
　チーズを1枚ちぎって加える。

3 火を止めて
　上からもう一枚チーズをかぶせる。

4 粉チーズをふりかける。

アドバイス

スパイスの芳香が食欲をそそり、バテてしまったときでも食べやすいのがカレーうどん。ひき肉たっぷりのキーマ以外にも、バターチキンやグリーンカレーなど、好みのものをレトルトで。

クセになる癒やしの組み合わせ

照り焼きチキンのクリームうどん

通年　夕食　3日目以降　フライパン向き

● 材料（1人分）

きねうち麺の「なつかしうどん」（麺のみ）
…… 1袋

いなばの「とり照りやき風」缶詰 …… 1缶

ハインツの「ちょっとだけホワイトソース」
…… 1袋（70g）

乾燥ほうれん草 …… 適量

水 …… 適量

こしょう …… 適量

作り方（調理時間12分）

1　フライパンにうどんが浸るくらいの水を入れ、沸かす。

2　麺と乾燥ほうれん草を入れ、ゆでる。

3　ホワイトソースを加え、「とり照りやき風」もたれごと入れて、よく溶かす。

4　こしょうをふり、いただく。

アドバイス　濃厚なクリームに照り焼きの甘じょっぱさがおいしいコラボ。ここでは、いなばの「とり照りやき風」の缶詰を使用したが、ホテイ「やきとり たれ味」などでも。パスタにも合う！

そうめん

そうめんを冷たくして食べるのは山では難しいので、温かい汁といただくにゅうめんや炒め麺に。麺自体があっさりしているので、満足度を上げるためには具だくさんにするといい。

さっぱり! なめたけあえそうめん

● 材料（1人分）
そうめん（無塩タイプ）…… 1束
なめたけ（チューブタイプ270g）…… 1/2本
ミニトマト …… 10個
パクチー …… 好みで
水 …… 適量

夏　朝食　夕食　1〜2日目　コッヘル向き

作り方（調理時間10分）

1 コッヘルに少量の湯を沸かし、そうめんをゆでる。できるだけ水分を飛ばす。

2 ミニトマトは刻む。

3 そうめんと、たっぷりのなめたけをあえ、ミニトマトとパクチーをトッピングする。

アドバイス

なめたけはドレッシング代わりに野菜とあえたり、のりで巻いたりと、つまみにもなる。麺と絡めると、とろとろと食べやすい。和のイメージが強いが、トマトとパクチーでアジア風アレンジも。

そうめん

山で重宝！ チューブ入りなめたけ

あっさり味の牛肉麺

牛吸いそうめん

通年　朝食　夕食　1〜2日目　両方OK

● 材料（1人分）
そうめん …… 1束
しゃぶしゃぶ用牛肉 …… 60g
顆粒だし …… 適量
塩 …… 適量
しょうゆ …… 適量　　酒 …… 適量
青ねぎ（ドライでも）…… 少々
水 …… 300ml

作り方（調理時間5分）

1　鍋に水、顆粒だし、酒、
　しょうゆを入れて火にかける。

2　沸騰したら、
　牛肉を入れて2〜3分加熱する。

3　そうめんを半分に折って入れ、
　やわらかくなったら火を止め、塩、
　しょうゆで味を調える。
　小口に切った青ねぎをかけてどうぞ。

アドバイス

「牛」肉のお「吸い」ものそうめん。暑い時期には、牛肉に塩で下
味をつけて凍らせてから持っていくとよい。顆粒だしは天然のもの
がおすすめ。そうめんの塩分を生かすため、味付け前にお味見を。

やさしい味を朝晩にどうぞ

さっぱり塩にゅうめん

通年　朝食　夕食　1〜2日目　コッヘル
向き

● 材料（1人分）

そうめん …… 1束（50g）

カット野菜 …… 1袋

とりささみ（パウチ）…… 1袋

鍋の素 …… 1個

塩・こしょう …… 適量

卵 …… 1個

水 …… 500ml

作り方（調理時間5分）

1 鍋に水、鍋の素を入れて火にかける。

2 沸騰したら、そうめん、
　カット野菜を入れて1分煮込む。

3 溶き卵を流し入れ、
　塩・こしょうで味を調える。
　ほぐしたささみをのせていただく。

アドバイス　そうめんを別ゆでせずそのまま使うことで、汁にほんのりとろみがつき、体が温まる。麺に塩分が含まれるため、調味料は控えめでOK。鍋の素は鶏だし、カット野菜は鍋用か野菜炒め用がおすすめ。

朝こそしっかり食べたいときに

豚汁にゅうめん

通年　朝食　1〜2日目　コッヘル
　　　　　　　　　　　　向き

● 材料（1人分）
そうめん（無塩タイプ）…… 1束
豚薄切り肉 …… 100g
味噌 …… 大さじ2
顆粒和風だし …… 3g
乾燥野菜（ゆで干し大根、ほうれん草、
ごぼう、にんじんなど）…… 適量
水 …… 400ml

作り方（調理時間12分）

1　［家で］豚肉に味噌を塗り、
　　ラップに包んで冷凍しておく。

2　［山で］鍋に湯を沸かし、
　　顆粒和風だしと1、乾燥野菜を入れる。

3　1の味噌をよく溶かし、肉に火が通ったら、
　　そうめんを入れてゆでる。

アドバイス　肉に味噌を塗っておくことで、保存性を高めることができるうえに、肉と味噌を別々に小分けして持参する手間も省ける。調理時間をもっと短縮したければ、あらかじめ豚肉をゆでで持参する。

とろみで温か鶏肉麺

ぽかぽかうーまいめん

 通年 朝食 夕食 3〜 3日目以降 コッヘル向き

● 材料（1人分）

そうめん（無塩タイプ）…… 1束

鶏肉 …… 20g

乾燥まいたけ …… 適量

乾燥野菜 …… 適量

塩麹 …… 適量

中華風調味料 …… 5g

ゆずこしょう（好みで）…… 少々

水 …… 適量

作り方（調理時間10分）

1 ［家で］食品用ポリ袋に、
小さく切った鶏肉と塩麹を入れて揉む。
片栗粉（分量外）をまぶし入れ、冷凍する。

2 ［山で］湯を沸かし、乾燥まいたけを入れる。

3 2にそうめんを入れ、麺が硬いうちに1、
乾燥野菜、中華風調味料を加える。
好みで、ゆずこしょうを添えていただく。

 アドバイス

鶏肉に片栗粉をまぶしておくことで、調理時にくっつかず、扱いやすくなる。汁にとろみがついて冷めにくくもなり、一石二鳥。乾燥まいたけは家で数日干せば作れる。戻りにくいので最初に入れること。

91

疲れた体をいたわる麺

なすそうめん

通年　朝食　夕食　3日目　両方OK
　　　　　　　以降

● 材料（1人分）

そうめん（無塩タイプ）…… 1束

なす …… 1本

めんつゆ …… 200ml

梅干し …… 1粒

ツナ（パック）…… 1袋

ごま油 …… 少々

水 …… 適量

作り方（調理時間10分）

1 なすを半分に切り、
斜めに細かく包丁を入れる。
ごま油を熱し、なすに焼き色をつける。

2 めんつゆ、ツナ、水を加えて煮る。

3 そうめんを入れ、
ゆで上がったらごま油をかけ、
梅干しをのせる。

アドバイス　梅干しの酸みがほどよく、疲れていてもするする食べられる。二日酔いの体にもやさしい。なすに切れ目を入れると短時間で火が通り、味もなじみやすくなる。ツナは携行しやすいパックタイプが便利。

ごま味噌味のたれは麺にも合う

冷や汁そうめん

夏　朝食　夕食　3〜　両方OK
　　　　　　　3日目
　　　　　　　以降

● 材料（1人分）

そうめん（無塩タイプ）…… 1束

きゅうり …… 1/2本

しょうがの酢漬け …… 小1袋

梅干し …… 1〜2個

味付きささみ（パック）…… 1袋

冷や汁の素 …… 1袋

水 …… 適量

作り方（調理時間10分）

1　きゅうり、しょうがの酢漬けを薄切りにする。

2　鍋に湯を沸かし、そうめんをゆでる。

3　カップに冷や汁の素と水を入れる。
　　きゅうり、しょうがの酢漬け、梅干し、
　　ほぐした味付きささみを加えながら、
　　そうめんをつけて食べる。

アドバイス　冷や汁の素は、1食分ずつ小分けになっているタイプが持ち運びやすくてよい。ゆでたそうめんは少量の水と一緒に盛り付けると麺がくっつかず、スムーズに食べられる。具は、みょうがが合う。

そば

山で作る麺としては比較的マイナーだが、インスタント麺や無塩の乾麺が活躍する。水でほぐすだけのゆで麺なら、1日目のお楽しみとして冷やしそばもOK。豊富に含まれるビタミンB1で疲れを癒やそう。

もちとろ月見そば

● 材料（1人分）

そば（無塩の乾麺）…… 1束
とろろ（フリーズドライ）…… 1個
おくら …… 1〜2本
半熟卵 …… 1個
揚げかきもちあられ …… 4個
そばつゆ（粉）…… 1袋
水 …… 適量

ALL	☀	☾	1〜2	▯
通年	朝食	夕食	1〜2日目	コッヘル向き

作り方（調理時間10分）

1　鍋に湯を沸かし、そばをゆでる。

2　ゆで上がる直前に、そばつゆ、おくらを加える。

3　火を止め、水で戻したとろろ、半熟卵、
　揚げかきもちあられをのせる。

アドバイス

とろろはフリーズドライが便利。初日なら冷凍やパックタイプも使える。揚げかきもちあられは汁に入れると餅のようになって美味。麺だけでは物足りないときにも活躍する。乾燥おくらだと、より調理がラクに。

とろとろ、じゅわりのワクワクそば

そば

香ばしい具とつゆで、冷たい麺を満喫

ねぎま風つけそば

夏　　朝食　　夕食　　1〜2日目　両方OK

● 材料（1人分）
そば（ゆで麺）…… 1玉
長ねぎ …… 10cm
焼き鳥の缶詰（塩味）…… 1缶
めんつゆ（2倍濃縮）…… 50ml
ゆず（フリーズドライ）…… ひとつまみ
水 …… 50ml

作り方（調理時間10分）

1　長ねぎを2cmの長さに切る。
　　ゆずを少量の水（分量外）で戻す。

2　そばを少量の水（分量外）でほぐす。

3　フライパンを中火にかけ、
　　長ねぎを入れて表面に焼き色がつくまで
　　転がしながら焼く。焼き鳥も軽く焼く。

4　器にめんつゆ、水、ゆず、3を入れ、
　　そばをつけて食べる。

アドバイス

水でほぐすだけのゆで麺を使えば、ゆでこぼしせずに冷たいつけ
そばを食べられる。ねぎにひと手間かけ、焼き目をつけるのがポイ
ント。フリーズドライのゆずとともに、味にグッと深みを与えてくれる。

たっぷりの梅干しでミネラルチャージ

イワシの梅そば

通年　朝食　夕食　3日目　コッヘル
　　　　　　　　以降　向き

● 材料（1人分）

そば（乾麺）…… 1束

イワシと明太子の佃煮 …… 1缶

梅干し …… 2個

乾燥ワカメ …… 適量

顆粒和風だし …… 適量

粉山椒 …… 好みで

水 …… 400ml

作り方（調理時間10分）

1　鍋に湯を沸かし、そばをゆでる。

2　残り1分前にイワシの佃煮を汁ごとと、
　顆粒だし、乾燥ワカメを加える。

3　火を止め、梅干しをのせて仕上げる。
　好みで粉山椒をふってもよい。

アドバイス　　イワシの佃煮に梅肉を加えた梅煮そば。梅肉が入ることで魚の生臭みも消え、より食べやすい。軽くて日持ちのする乾燥ワカメは、ラーメン、うどんなどほかの麺料理にも取り入れやすいので重宝する。

フォー・ビーフン・春雨など

米や緑豆を使った、アジアの麺が大集合。汁と合わせるも、炒めるもよし。つるつると口当たりよく、いつでも箸が進む。湯戻しだけで食べられるタイプがあったり、時間がたってもおいしいのがうれしい。

カレー焼きビーフン

● 材料（1人分）

ビーフン …… 45g
牛切り落とし肉 …… 60g
カレー粉 …… 小さじ1/2
焼肉のたれ …… 大さじ1
干ししいたけ …… 5g
にんじん …… 1/8個

たまねぎ …… 1/8個
鶏がらスープの素 …… 小さじ1/2
ごま油 …… 大さじ1/2
水 …… 100ml
塩・こしょう …… 適量

ALL 通年　　夕食　　1〜2 1〜2日目　　フライパン向き

作り方（調理時間10分）

1 ［家で］牛肉、カレー粉、焼肉のたれをファスナー付き密封袋に入れる。にんじんは太めの千切り、たまねぎは5mm幅のスライスにする。

2 ［山で］フライパンにごま油を入れて中火にかけ、牛肉を炒める。

3 肉の色が全体的に変わってきたら、水、鶏がらスープの素、干ししいたけ、ビーフン、にんじん、たまねぎの順にのせ、沸騰したらふたをして数分間加熱する。

4 ふたを開け、混ぜながら汁気を飛ばす。最後に塩・こしょうで味を調える。

アドバイス　肉に下味をつけておくと山での味付けが楽になるうえ、保存性が高まる。暑い時期は凍らせるとさらにいい。ビーフンは下ゆでや湯戻しをせず、具材と一緒に加熱することで時短になり、味もよくなじむ。

98

味な肉入りスパイシー麺

フォー・ビーフン・春雨など

山に入って何日目でも、どうぞ

台湾風ビーフン

通年　朝食　夕食　3日目　フライパン
　　　　　　　　以降　　向き

● 材料（1人分）
ケンミンの「焼ビーフン」（塩味）…… 1袋
焼き鳥の缶詰（塩味）…… 1缶
干しエビ …… ふたつまみ
ラー油（ごま油でも）…… 適量
ドライねぎ（青ねぎでも）…… 適量
水 …… 200ml

作り方（調理時間5分）

1 フライパンにビーフン、焼き鳥、干しエビ、
水を入れて火にかける。

2 3分ほどたったら、
ふたを開けてよくかき混ぜながら
水気を飛ばす。
付属のたれを調整しながら入れ、
さらにかき混ぜ、火を止める。

3 ドライねぎをかけ、
ラー油を回しかける。

アドバイス　　すべて日持ちする材料で、包丁も使わずに作れるミラクルメニュー。
缶詰の焼き鳥は食べごたえ、干しエビはうまみを与えてくれる。瓶
はちょっとかさばるけれど、ラー油が味のまとめ役。箸が進む！

春雨ちゃんぽん

 通年
 朝食
 1〜2日目
 コッヘル向き

● 材料（1人分）
春雨（湯で戻るもの）…… 好みで3〜5個
クノールの
「たっぷり野菜のちゃんぽん風スープ」
…… 1個
カニかまぼこ …… 3〜4個
水 …… 200ml

作り方（調理時間5分）

1 湯を沸かし、
すべての材料を入れて火を止める。
春雨が戻ったら、よくかき混ぜる。

アドバイス　難しい工程がなく、即完成。野菜が多めのフリーズドライスープと、太めのカニかまぼこを使って満足感を出そう。春雨は小さな玉型で、湯で戻るものを。好みの量に調節しやすく、加熱時間も短くてすむ。

フォー・ビーフン・春雨など

101

フォーとワンタンを一緒につるり

ワンタンフォー

ALL　☀　🌙　3〜　☕
通年　朝食　夕食　3日目　コッヘル
　　　　　　以降　向き

● 材料（1人分）

フォー（インスタント）…… 1袋

乾燥ワンタン …… 1パック

乾燥ほうれん草 …… 1袋

乾燥きくらげ …… 数枚

水 …… 適量

作り方（調理時間10分）

1 コッヘルに水と乾燥きくらげを入れて沸かし、
　フォーをゆでる。

2 ゆで上がる少し前に、
　乾燥ほうれん草を加える。

3 火を止めて、
　付属のスープと乾燥ワンタンを入れる。

アドバイス　　軽くて日持ちする材料を組み合わせたボリューム麺。付属のスープ
はワンタンとフォー、お好みのほうをどうぞ。1日目なら、具をチンゲ
ンサイやまいたけにして、フォーと一緒に煮てもおいしい。

さつま揚げのせフォー

夏　　朝食　　1〜2日目　　コッヘル
　　　　　　　　　　　　　　向き

● 材料（1人分）

ケンミンの「もちもちめんフォー」
…… 1/3袋（46g程度）

さつま揚げ …… 適量

顆粒中華だし …… 小さじ2

塩 …… 適量

ミント、バジルなどのハーブ …… 適量

水 …… 500ml

作り方（調理時間10分）

1 湯を沸かし、フォーをゆでる。

2 1に顆粒中華だしとさつま揚げを入れ、
　塩で味を調える。

3 ハーブをのせて、いただく。
　好みでレモン汁をかけるとさっぱり食べられる。

アドバイス　ケンミンの「もちもちめん フォー」は15cm程度と短めで、コンパクトに持ち運べ、小さなコッヘルやフライパンで調理するのにちょうどいい。ゆで時間4分と、ほかのフォーより短めで便利。

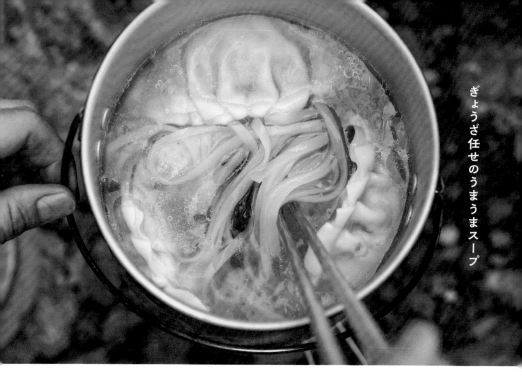

スープぎょうざのフォー

作り方（調理時間10分）

通年　夕食　1〜2日目　コッヘル向き

1 湯を沸かし、フォーをゆでる。

2 顆粒中華だし、冷凍ぎょうざ、
　乾燥ほうれん草を入れる。

3 火が通ったら、
　ゆずこしょうをつけながらいただく。

● 材料（1人分）

ケンミンの「もちもちめん フォー」
…… 1/3袋（46g程度）

冷凍ぎょうざ …… 5 〜 6個

乾燥ほうれん草 …… 適量

顆粒中華だし …… 小さじ2

ゆずこしょう …… 適量

水 …… 500ml

アドバイス　ぎょうざの具の肉や野菜からいいうまみが出て、味が決まる。つるっと食べられるので、疲れたときでも食べやすい。さっぱり食べたければポン酢をかけても。

野菜スープのフォー

通年　朝食　3日目以降　コッヘル向き

● 材料（1人分）
フォー …… 1袋
マルちゃんの
「素材のチカラ 野菜スープ」
…… 1個
ベーコン …… 1パック（40g程度）
水 …… 適量

作り方（調理時間10分）

1 鍋に湯を沸かし、
すべての材料を入れて煮る。
フォーがゆで上がったら完成。

フォー・ビーフン・春雨など

アドバイス

「春雨ちゃんぽん」（P101）の姉妹的メニュー。こちらも具だくさんのフリーズドライスープを使い、ベーコンでうまみと食べごたえをプラス。1工程なので、サッと出発したい朝にありがたい。

少し汁が残っていてもおいしい

エビ麺の五目焼きそば

夏　　夕食　　1〜2日目　　フライパン
　　　　　　　　　　　　　向き

● 材料（1人分）

エビ麺 …… 1玉

ベーコン …… 適量

カット野菜（ニラ入りのものがおすすめ）
…… 1袋

しょうゆ …… 適量

水 …… 適量

作り方（調理時間10分）

1 鍋に薄く水を引き、ベーコンを蒸し炒める。

2 エビ麺が浸る程度の水を入れて沸騰させ、
　エビ麺を入れる。

3 麺がゆで上がり、汁気がなくなるころに
　カット野菜を入れて火を通す。

4 しょうゆで味を調える。

アドバイス　エビ麺はエビが練り込まれた香港の乾麺。だしがたっぷり出てくるので、ゆで汁をスープとして味わえる。焼きそばは少し汁が残った状態で食べてもおいしい。ゆで時間も3分ほどと短く便利。

ニラ玉スープのエビ麺

夏　　朝食　　3日目　　コッヘル
　　　　　　　以降　　向き

●材料（1人分）

エビ麺 …… 1玉

フリーズドライの玉子スープ …… 1個

ニラ …… 適量

しょうゆ …… 適量

水 …… 400ml

作り方（調理時間8分）

1　湯を沸かし、エビ麺をゆでる。

2　フリーズドライの玉子スープ、ニラを入れ、しょうゆで味を調える。

アドバイス　　エビのうまみたっぷりのスープ麺。エビ麺はもともと水で戻して使う麺なので、湯を沸かすときから入れておけば時間短縮になる。フリーズドライスープを溶かすころにはゆで上がっている。

ゆっくりと晩酌したい、余裕のある夜。メインディッシュやつまみを作ってお酒を楽しんでから、麺を入れて〆るという、ひとつの鍋でできる展開レシピ。夕食に残しておいて、朝食にしてもいい。

夏野菜と干物の白ワイン蒸し

   ─

通年　夕食　1～2日目　フライパン
　　　　　　　　　　　向き

● 材料（1人分）
魚の干物
（ほっけ、アジなど好みのもの）…… 1枚
コーン缶 …… 1缶
きゅうり …… 1本
水 …… 200ml
白ワイン、黒こしょう …… 少々

作り方（調理時間10分）

1 フライパンに水、白ワイン、干物を入れ、
　温まるまでさっと煮る。
2 コーンを汁ごとと、
　適当にカットしたきゅうりを入れる。
3 黒こしょうをふって、
　酒のつまみとして食べる。

野菜と魚のうまみを吸い込んだクスクス

● 材料（1人分）
夏野菜と干物の白ワイン蒸し
…… 残った分
ミニトマト …… 適量
クスクス …… 適量

作り方（調理時間3分）

1 残った夏野菜と干物の白ワイン蒸しに
　クスクスとミニトマトを入れて熱する。
　水分が少ないようなら足し、
　クスクスに火が通ったら食べる。

アドバイス　フライパンで夏野菜と蒸した干物は、白ワインやビールにぴったり。コーン缶、白ワインの水分を多めに残しておいて、クスクスを投入。干物のうまみを吸い込んだ絶品のシメに。干物は好みの魚を。

つまみ

同じ材料でつまみから麺でシメ！

シメ

つまみ・メイン→シメに麺

109

ジャンク感たっぷりの元気が出る鍋

エビたっぷりのイタリアン鍋

通年
（夏は除く）

夕食

1〜2日目

コッヘル
向き

● 材料（1人分）

ビスクソース（レトルト）…… 1パック

エビチリ（レトルト）…… 1パック

キャベツ …… 1/6玉

きのこ …… 1パック

ミニトマト …… 5個

ベーコン …… 2〜3枚

水 …… 適量

作り方（調理時間10分）

1 キャベツ、きのこ、ミニトマト、ベーコンは
適当な大きさに切る。

2 深めのコッヘルに1を並べ、
その上にエビチリのエビを置く。

3 ビスクソースとエビチリを入れ、
好みの濃さになるように
水を加えて火をつける。

4 具材に火が通ったら食べる。

アドバイス　エビやカニなど甲殻類からだしをとったビスクソースは、鍋料理の
スープにしても合う。エビは、酸みがアクセントになるレトルトのエビ
チリを利用しよう。シメは中華麺が意外なほどおいしい。

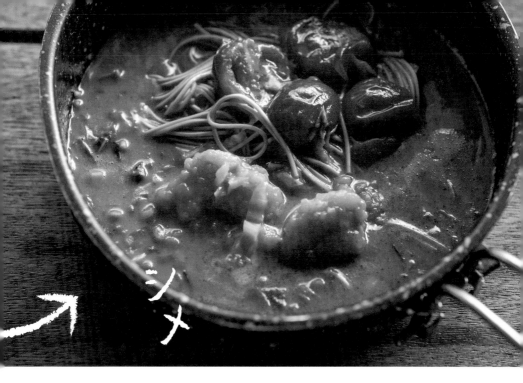

シメ

エビのイタリアンソースで食べるラーメン

●材料（1人分）
エビたっぷりのイタリアン鍋
…… 残った分
ラーメン（インスタント、
麺のみ使用）…… 適量

作り方（調理時間5分）

1 エビたっぷりのイタリアン鍋の水分が
まだ充分あるうちに、ラーメンを入れる。

メイン

疲れた体に焼肉はダイレクトにうまい！

シメ

豚肉の塩麹炒め

夏　　　夕食

1〜2日目　フライパン
　　　　　向き

● 材料（1人分）

豚肉 …… 100g

塩麹 …… 適量

ごま油 …… 少々

クレソンなどの青菜 …… 適量

作り方（調理時間5分）

1　［家で］豚肉に塩麹を揉み込み、
　　ごま油も少々加え、
　　ファスナー付き密封袋に入れて冷凍しておく。

2　［山で］1を、シメの分も頭に入れながら、
　　好きな量を青菜とともに炒め、焼肉を楽しむ。

桜エビ香る焼きそば

● 材料（1人分）

焼きそば（蒸し麺）…… 1袋

豚肉の塩麹炒め …… 残った分

乾燥桜エビ …… 適量

顆粒中華だし …… 小さじ2

塩 …… 適量　　水 …… 少々

作り方（調理時間5分）

1　フライパンに豚肉の塩麹炒めの残った分と、
　　焼きそば、顆粒中華だし、乾燥桜エビを入れ、
　　少量の水を加えて蒸し炒めにする。

2　塩で味を調える。好みでレモン汁をかける。

アドバイス　肉を塩麹に漬けておくことで保存性を高めるとともに、肉をやわらかくし、うまみもアップさせる効果がある。青菜は肉を炒め終わる直前に加えて、さっと火を通すだけでよい。ふたがあると便利。

豚モツ煮込み

● 材料（1人分）
豚モツ煮込み（レトルト）…… 1パック
えのき、ねぎ …… 適量
七味 …… 適量

ALL　通年（夏は除く）
🌙 夕食
1〜2　1〜2日目
☕ コッヘル向き

作り方（調理時間10分）
1 コッヘルにレトルトの豚モツと、えのき、
　ねぎなど好みの野菜を入れて温め、
　七味をふって食べる。

豚モツ味噌ラーメン

● 材料（1人分）
豚モツ煮込み …… 残った分
ラーメン（蒸し麺）…… 適量
水、味噌 …… 適量

作り方（調理時間10分）
1 残った豚モツに水を加え、
　ラーメンをほぐし入れる。
　薄いようなら
　味噌を入れて味を調える。

アドバイス　レトルトの豚モツにラーメンさえあれば、の簡単レシピ。

つまみ

レトルトで、ひとりもつ鍋

つまみ・メインに麺

シメ

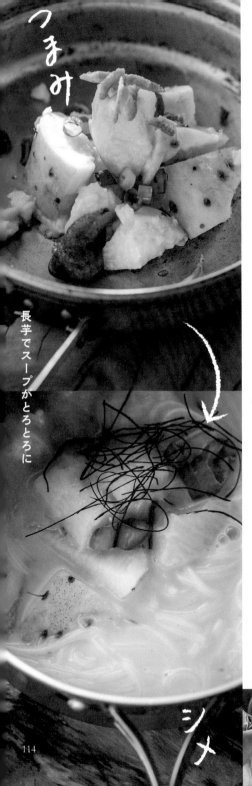

つまみ

長芋でスープがとろとろに

シメ

長芋のゆずこしょうあえ

● 材料（1人分）

長芋 …… 食べたい分だけ

しょうゆ …… 適量

ゆずこしょう …… 適量

ゆずの皮 …… 適量

通年
（夏は除く）　夕食

1～2日目　コッヘル
向き

作り方（調理時間10分）

1 ［家で］長芋は皮付きのままよく洗い、
長いヒゲはコンロの火にかざして
燃やして取っておく。

2 ［山で］袋に入れた長芋はコッヘルや
石などでたたいて、食べやすい大きさに割る。

3 2をしょうゆ、ゆずこしょうであえ、
ゆずの皮を添える。

長芋の豆乳スープにゅうめん

● 材料（1人分）

長芋のゆずこしょうあえ …… 残った分

そうめん（無塩タイプ）…… 食べたい分だけ

豆乳（パック）…… 200ml

刻みねぎ、糸唐辛子 …… 適量

塩、しょうゆ …… 適量

作り方（調理時間10分）

1 コッヘルに豆乳を入れ、折ったそうめんをゆでる。
豆乳は沸騰するとあふれやすいので、
弱火で煮ること。

2 長芋のゆずこしょうあえ、刻みねぎ、糸唐辛子を
加える。好みで塩、しょうゆで味を調える。

アドバイス 長芋の生のシャキシャキ
と、火を通したとろとろの
食感の違いを楽しもう。

キムチ鍋ラーメン

● 材料（1人分）

ラーメン（インスタント）……1 袋

豚肉 …… 50g

塩麹 …… 小さじ1

にんじん …… 1cm

しめじ …… 10本

キャベツ …… 1枚

キムチ（小）…… 1パック

ALL 通年（夏は除く）　夕食

3〜 3日目以降　両方OK

作り方（調理時間15分）

1 ［家で］豚肉と塩麹を
　ファスナー付き密封袋に入れる。

2 ［山で］湯を沸かし、1、
　2mmほどの細切りにしたにんじん、
　1cm幅に切ったキャベツ、しめじ、キムチ、
　ラーメンのスープを少々入れて煮込み、
　まずは鍋として楽しむ。

3 具が少なくなったところで
　ラーメンを入れて〆る。

アドバイス

塩麹で保存性とやわらかさ、うまみを増した豚肉を活用。キムチは小型パックが携行しやすい。ラーメンの味はしょうゆ、味噌などお好みで。ラーメンスープの追加は、汁を飲みきることを考えて慎重に。

つまみ

塩麹とキムチのうまみを存分に

シメ

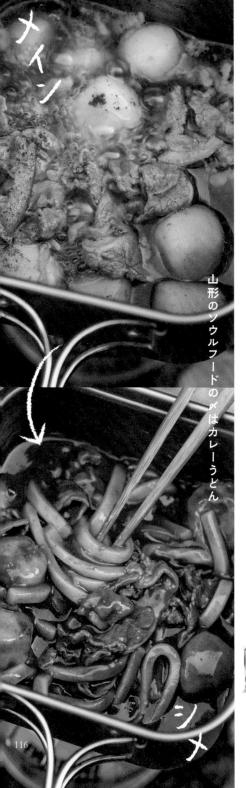

メイン

山形のソウルフードの〆はカレーうどん

シメ

芋煮

● 材料（1人分）

牛肉 …… 100g

冷凍さといも …… 適量

長ねぎ …… 適量

しょうゆ …… 大さじ2と1/2

砂糖 …… 小さじ1

酒 …… 適量

水 …… 400ml

秋、冬　　夕食

1〜2　　コッヘル
1〜2日目　向き

作り方（調理時間10分）

1 鍋に水を入れ、しょうゆ、砂糖、酒、さといもを
  加えて火にかける。長ねぎを切る。

2 さといもに火が通ったら、牛肉を入れる。

3 牛肉に火が通ったら芋煮の完成。
  好みでゆずの皮や七味をかけて食べてもよい。

カレーうどん

● 材料（1人分）

芋煮 …… 残った分

うどん（冷凍麺） …… 1袋

カレールウ …… 1食分

作り方（調理時間5分）

1 芋煮の残りに、うどんを加え、ゆでる。

2 カレールウを味見しながら少しずつ溶かす。

アドバイス

山形の郷土料理、芋煮。
和風だしを生かしてシメ
はカレーうどんにすること
もあるという。カレールウ
は、早く溶けやすく山向き
の粉末タイプを。さといも
は下ゆで済みの冷凍食
品や水煮パックを使おう。

＼2泊3日の／
縦走レシピ。

2泊3日の縦走で、毎日麺を食べるなら？
山で麺を楽しむみなさんが
食材をうまく使いこなすレシピを考案。
山行計画の参考にどうぞ。

レシピ考案
有馬美奈さん | **夜はもりもり、朝はするする**

夜はキャベツ、にんじんなどの野菜と、日持ちする塩麹漬け豚肉で食べごたえを。朝はフリーズドライスープに軽やかな麺を合わせて。

1日目 夜 →P81
焼きうどん

生の麺を使えるのは、初日ならでは。軽量化したい場合はキャベツやにんじんを干し、乾燥させて持参しても。

2日目 夜 →P115
キムチ鍋ラーメン

1日目と同じ野菜、豚肉を使いまわした鍋。つまみとして楽しんだあと、インスタントの麺で〆て大満足。

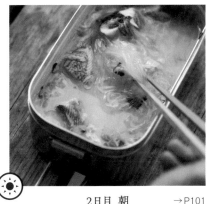

2日目 朝 →P101
春雨ちゃんぽん

春雨は細く、寝起きの体でも食べやすい。湯戻しで食べられる麺を使い、調理の時間や手間をかけずに完成。

3日目 朝 →P105
野菜スープのフォー

フォーは口当たりがよく、朝でもつるつると箸が進む。スープはあっさり味で、追加の具をアクセントに。

117

国土地理院発行の2万5000分ノ1地形図（槍ヶ岳・穂高岳・立山）を掲載

2泊3日の 縦走レシピ。

レシピ考案
小林千穂さん

朝晩満足、麺はいろいろ

夜は濃い味と食感を楽しみ、朝は手間なくお腹いっぱいになる組み合わせ。材料は適宜使いまわしながら、毎食異なるタイプの麺をどうぞ。

🌙 1日目 夜 →P40
チキンラーメンのかた焼きそば

おなじみの味付き麺の塩気がじわり。カリカリ麺とトロトロあんの食感が一口一口変わり、最後まで楽しい。

🌙 2日目 夜 →P54
ナポリタン

日持ちする野菜・ピーマンとたまねぎを食感よく仕上げた一品。ケチャップの酸味でさらに食が進む。

☀ 2日目 朝 →P78
肉ごぼううどん

手作りの肉ごぼうで、あっという間にボリュームのある麺が完成。朝から体がすぐ温まる。

☀ 3日目 朝 →P62
ほうれん草のニョッキ

モチモチのニョッキがお腹を満たしてくれる。たまねぎが残っていたら、薄切りにして一緒にゆでても。

2泊3日の 縦走レシピ。

レシピ考案
→
澤木央子さん

仕込んだ肉、味つき魚が活躍

家で仕込んだ豚ひき肉炒めを、2晩にわたって満喫する。朝はイワシの缶詰などを活用したアイデア麺で、一日をスタート。

1日目 夜 →P31
サンラータン麺

ひき肉炒めのおかげで、調理がラク。一日歩いてがんばった体に、黒酢でいたわりを。

2日目 夜 →P31
豚ニラとんこつラーメン

たまった疲れを、たっぷり入れたニラのパワーで吹き飛ばす。シャキシャキの食感が、ひき肉炒めとも合う。

2日目 朝 →P52
イワシ明太パスタ

スープパスタ風で、朝にも難なく食べられる。水分があるため鍋にこびりつかず、片付けもスムーズ。

3日目 朝 →P97
イワシの梅そば

それでも疲れが残りがちな最終日、さっぱりした梅がうれしい。下るだけなので、あっさりそばで。

デザート

麺でもデザートとしてアレンジしやすいのは、ココナツなどのミルク系や、さっぱりレモンと相性がいいくずきり、団子に近い感覚で食べられるほうとう。固定観念をなくして自由に試してみよう。

くずきりとココナツミルクのホットデザート

●材料（1人分）
くずきり（太めのもの）…… 20g
ココナツミルク（200g）…… 1/2パック
干しいも、ドライフルーツ、ナッツ、しょうが …… 適量
水 …… 適量

ALL
通年

3〜
3日目
以降

コッヘル
向き

作り方（調理時間10分）

1 コッヘルに水を少し入れ、くずきりをさっと煮る。

2 ココナツミルク、干しいも、ドライフルーツ、ナッツ、しょうがを加え、温かい状態で食べる。

アドバイス

温めてもおいしいココナツミルク。くずきりとの相性がよく、甘酸っぱいドライフルーツ、満足感が増す干し芋を足してアジア風のデザートに。甘みが足りないようなら、はちみつをかけてもいい。

満足感がハンパない！ ホットココナツ

あずきほうとう

 通年 朝食 夕食 3〜 3日目以降 コッヘル向き

● 材料（1人分）
ほうとう（乾麺）…… 1/2束
栗ぜんざい …… 1袋
干しいも …… 好みの量
水 …… 適量

作り方（調理時間10分）

1 ほうとうが浸る程度の湯を沸かし、
  表示時間どおりゆでる。

2 栗ぜんざいを加えて温め、
  切った干しいもをのせる。

アドバイス　レトルトのぜんざいを汁にし、栗や干しいもを加えて満足感ある甘味に。麺は、ゆでこぼし不要のタイプを使う。塩分を含む麺の場合はしょっぱさが加わっておいしいが、水や麺の量で味の調節を。

くずきりレモン

ALL	☀	🌙	3〜	☕
通年	朝食	夕食	3日目以降	コッヘル向き

● 材料（1人分）

くずきり（湯で戻すタイプ）…… 1〜2玉
ホットレモンの素（粉）…… 1袋
輪切りドライレモン …… 2〜3枚
水 …… 適量

作り方（調理時間5分）

1 カップに湯を沸かし、
くずきりとホットレモンの素を入れる。

2 くずきりが戻ったら、
輪切りドライレモンを浮かべる。

アドバイス　甘酸っぱいホットレモンを、くずきりスープ仕立てに。疲れたり、食欲がなかったりするときにも、つるっと食べられる。くずきりも春雨同様、小さな玉状で、湯で戻すだけのタイプが使いやすい。

麺の幅が広がる調味料、食材

基本

油

炒めもののほか、くっつきやすいパスタやビーフンなどをゆでる際、少量を湯に加えるといい。使う分だけを小さい容器に移すと便利。

塩、こしょう

塩とこしょうがミックスされたものでもいいが、風味のよさを楽しむなら、こしょうはホールを小袋に入れて、その場でつぶすのがおすすめ（P31、P37）。

しょうゆ

和洋中やエスニック、すべての料理に重宝するしょうゆ。さまざまなメーカーが、お弁当用のミニパックを販売している。数袋持っていくと安心。

だしになるもの

カツオだし

カツオだしやアゴだしなど、だしはほっとする味で、汁麺、炒め麺、あえ麺などに活用できて万能。軽量で日持ちする粉末タイプを選ぼう。

専用粉末スープ

そば、うどん、ラーメンなどの専用の粉末スープは、湯で溶かすだけで味がバシッと決まる、間違いないおいしさ。

インスタントスープ

ポタージュの素、お茶漬けの素は複雑なうまみを含み、本来の食べ方以外に、パスタやうどんなどとあえるのにピッタリな万能調味料になる（P47、P53、P62）。

ジュース、ミルク

常温保存できる野菜ジュース、豆乳、アーモンドミルク。独特の滑らかな風味があるので、スープのベースや、ソースをのばすのに便利（P26、P34）。

缶詰

アサリやホタテ、コーンなど水分にもうまみが詰まった水煮缶。アンチョビ、サバなどのオイル缶。水分やオイルをあますところなく料理に取り入れよう。

乾物

にんじん、大根、ほうれん草、きのこ類などの乾物は、軽量、日持ちする、水に浸すとうまみが出る、といいことずくめ。具のボリュームアップにも。

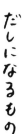

ぱぱっと作って、ささっと食べられるのが
魅力の麺料理。でも、調味料や食材次第では
複雑なうまみと途中での味変を楽しめる!

コク、風味が出るもの

味噌

そのまま野菜につけてよし、料理に使ってもよしな味噌は、縦走の味方。つけ麺(P39)や、味が物足りないときに"ちょい足し"を。

バター

溶けやすいため夏以外がおすすめ。チューブタイプが使いやすい。P47、P51、P58などバターありきのレシピはぜひチャレンジを。

トマトペースト

ジュースやケチャップよりもさらにトマトが凝縮されたトマトペースト。魚などの臭みを消してくれ、ワインに合う名調味料。(P48、P57、P65)

クリーミングパウダー

ミルク好きな人は、牛乳を持っていきにくい長期の山行や夏場にはクリーミングパウダーを。

練りごま

超ハイカロリーの練りごま。野菜につけるのもいいし、いろいろな麺料理にコクとうまみ、滑らかさをプラスしてくれる(P29、P83)。

タルタルソース

ほどよい酸みで疲れていても食べやすく、ハイカロリーのため、バテ気味な山では重宝する。うどん、パスタによく合う(P45、P80)。

なめたけ

チューブに入ったなめたけは、わさびや野菜とあえても美味。食感がどんな麺とも合い、また和洋中のアレンジが利きやすい(P86)。

サラミ

サラミ、ソーセージ、ハムなど加工した肉はおつまみとして個装されたものが多い。うまみが強く、具材としても満足度がアップ(P54、P63)。

味変&トッピング

ゆずこしょう、梅肉

ゆずや梅のさわやかな酸みや辛さは、山での食事を豊かにしてくれる。麺料理以外にも使えるので、チューブで持参を。

ラー油

うまみと辛みが詰まったラー油は、いろいろな麺料理に重宝。野菜のドレッシングにしたり、ごはんものにも使え、頼れる調味料だ。

レモン果汁

魚料理や濃厚なスープに少し足すと驚くほどおいしくなる。酸みという点では、米酢、黒酢もいい(P44、P64、P103、P112)。

トッピングいろいろ

のり、乾燥ねぎ、揚げ&ドライにんにく、輪切り&糸唐辛子など、途中で少し足すと味の幅が広がるトッピング。セットにしておきたい。

レシピ・アイデア提供者一覧

五十音順

有馬美奈さん ／ ありま・みな

ともしび山岳会所属。岩、沢、雪、縦走なんでもこなす。季節や登る山に合わせ、手作り乾燥野菜で軽量化したり、どっさり背負って本格的な山ごはんを楽しんだりしている。山菜やきのこをちょっといただいて食べるのも大好き。山岳看護師としても活動中。

小林千穂さん ／ こばやし・ちほ

山岳ライター、編集者。アウトドア好きの父と子どものころからキャンプや登山に親しむ。テント泊の食事は機動力を求めて軽量化重視だったが、最近はゆったり登山で、なるべく生の食材を使った山食も楽しんでいる。

小宮山 花さん ／ こみやま・はな

南アルプス鳳凰小屋からスタートした山小屋生活も長くなり、今季(2021年)から南アルプス、光岳小屋の管理人に就任することが決定！ 食いしん坊代表として小屋でもおいしいものが食べられるよう模索中。大好物は豆大福。最近は硬いプリンにハマっている。

shiho&ヤッホー!!さん。 ／ しほ・あんど・やっほーさん

アウトドア料理研究家のshihoさんと、登山ガイドの芳須勲(ヤッホー!!さん。)さんによる管理栄養士夫婦ユニット。ヤッホー!!さん。の著書『山登りABC もっと登れる山の食料計画』『ヤマケイ登山学校 登山ボディ』(ともに山と渓谷社)ではshihoさんがレシピを担当。
https://www.cocolohas.jp/

千野美樹さん ／ ちの・みき

若者登山者コミュニティACTIBASE代表。登山が好きで年間80日は山に行く。アウトドアブランド「ACTIBASE」「仙」を立ち上げ、企画から製作まで行なう。現在アウトドア系YouTube 「ACTIBASEチャンネル」にてYouTuberとしても活動中。

蓮池陽子さん ／ はすいけ・ようこ

アウトドアを愛する料理家。食べる&呑むのが楽しみで山に登っている。山ではまず好物のワインを一杯、に続いておいしい麺を食べるのがこだわり。著書に『簡単シェラカップレシピ』『バウルー公認! アウトドアでホットサンド』(ともに山と渓谷社)など。

萬田康文さん ／ まんだ・やすふみ

フォトグラファー。フライフィッシングを好み、鱒料理研究家(見習い)の顔も。料理の腕を活かし、料理と撮影、文章を手がけた『酒肴ごよみ365日』(誠文堂新光社)が発売中。

●『山で麺！クイックレシピ80』制作スタッフ

小林由理亞 ／ こばやし・ゆりあ

フリーライター。静かな山を好んで歩く。山で作って食べた麺料理で心に残っているのは、縦走3日目朝の「あげ玉そば(即席麺)」。今回は主に、山でうれしい酸み、好物の豆類を使ったレシピを考案。

澤木央子 ／ さわき・えいこ

料理写真をメインに活動するカメラマンで、本書の撮影担当。近年はキャンプ専門だったところ、心機一転、クライミングを再開。課題を落とす以前に体重を落とすことが目下の課題。親子登山もポツリポツリと。冷え性なので、山ごはんは温かい汁物がマスト。

栁澤智子 ／ やなぎさわ・ともこ

ペンネーム：高橋紡で活動するフリーランスの編集者、ライター。コロナを機に20年ぶりにオフロードバイクに乗り、バイクで行ける首都圏の低山に通いはじめる。

渡辺裕子 ／ わたなべ・ゆうこ

登山誌『ワンダーフォーゲル』(山と溪谷社)の編集部員。夏は沢登り、冬は雪山などにいそしむ。おいしいものが食べたいという執念があり山の食にもこだわりたがるが、ずぼらな性格のため簡単なものしか作れない。

クイックレシピ80

山で麺!

Noodles in the Mountains

2021年4月5日　初版第1刷発行

発行人
川崎深雪

編者
山ごはん研究会

発行所
株式会社 山と溪谷社
〒101-0051
東京都千代田区
神田神保町1丁目105番地
https://www.yamakei.co.jp/

印刷・製本
大日本印刷 株式会社

お問合せ先
●乱丁・落丁のお問合せ先
山と溪谷社自動応答サービス
TEL 03-6837-5018
受付時間／10:00〜12:00、
13:00〜17:30（土日、祝日を除く）
●内容に関するお問合せ先
山と溪谷社
TEL 03-6744-1900（代表）
●書店・取次様からのお問合せ先
山と溪谷社受注センター
TEL 03-6744-1919
FAX 03-6744-1927

スタッフ

ブックデザイン
尾崎行欧
宮岡瑞樹
本多亜実
（尾崎行欧デザイン事務所）

写真
澤木央子

校閲
中井しのぶ

取材協力（P20-21）
石井スポーツ登山本店

編集・執筆
山ごはん研究会
小林由理亞
栁澤智子
渡辺裕子（山と溪谷社）

ISBN978-4-635-45051-5
©2021
Yama-Kei Publishers Co., Ltd.
All rights reserved.
Printed in Japan